奇跡が連続する！
リッチライフの
はじめ方

Happyman
リチャードの 人生に魔法をかける
7つの鍵

リチャード・ホーランド

We are One

現実を
創造する達人、

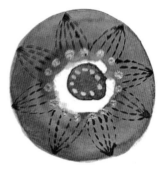

一瞬一瞬を慈しみ、
豊かで満ち足りた

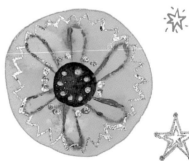

# of Reality

"マスター・オブ・リアリティ"

になろう！

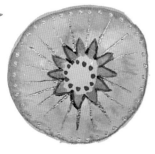

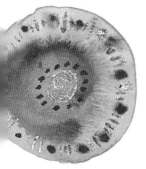

リッチライフ
RICH LIFE

を送るために。

LIFE *is what happens while you're busy*

to you
making other plans.

人生とは、
あれこれいろいろと
計画を練っているうちに、
想定外のことが
起きてくるもの。
それが人生ってものさ。

by John Lennon

庭に咲いている小さな花。

その花の周りを飛んでいる蜜蜂。

地面に生えている名もない雑草。

青空をゆっくりと流れていく雲。

あたりから聞こえてくる鳥の鳴き声。

突然、降り出す激しい夕立。

これまでまったく目に入らなかった

些細_{ささい}なものたちが、

あまりにも美しく愛おしい。

ただただ

感謝の気持ちが湧いてくる。

「今、私はどこにいるの?」

「今、私は誰といるの?」

「今、私は何をしているの?」

そんな問いかけに、
自分なりに心の中で1つずつ答えてみる。
そうすると、
今の状況が俯瞰できるようになり、
本来のあなた自身が戻ってくるよ。
その瞬間からすべてのことが
スムーズに流れはじめるはず。

はじめに

アロハ！

　ハワイでイルカのウォッチングツアー他、海や山で自然と触れ合うさまざまなツアーを提供する会社を経営しているリチャード・ホーランドです。

　あなたは、今、この瞬間を大切に生きていますか？
　今、この瞬間に生きていることが、どれだけ幸せなことであるか実感できていますか？

　そんな問いに、「できるだけ、今という瞬間を感じるようにはしているけれど……」とか「幸せであることはわかるけれど、それでも毎日生きていると、いろいろ苦労も多いんだよね」「幸せだと思いたいけれども、他の人の方がもっと幸せそう……」と答える人が意外と多いのではないでしょうか。

　この本は、そんな人たちへ贈る1冊です。
　そんな人たちが「今という瞬間に生きていることが、どれ

だけ幸せなことであるか」を実感してもらえる本が完成したのです！

　2018年の9月に前著、『自分らしく生きるためにタイトルはいらない　アイアムハッピーマン！ ハワイでイルカと泳ぐリチャードの幸せになれるヒント22』を出版してから5年目の9月、ここに『奇跡が連続する！ リッチライフのはじめ方　ハッピーマン、リチャードの人生に魔法をかける7つの鍵』を上梓することになりました。

　憶えていますか？
　前著の「おわりに」で「それでは、リチャードの人生劇場の続きは、また今度！」という一言で締めくくっていたことを。
　そう、本書では再びリチャードの人生劇場の第2部が幕を開けます。
　それも、今度の人生劇場は、前著をはるかに超えるようなアップアンドダウンの激しいジェットコースターに乗っているかのようなシナリオが展開します。

それも、読者のあなたが驚くような物語が待っているはずです。

　正直に申し上げると、実は常日頃から、「今に生きることが大切だよ」「今、生きているという幸せを感じよう」と皆さんにお伝えしているこの私自身が、改めて今回ご紹介するストーリーの中で、この言葉の洗礼を自分自身で受けることになったのです。

　そして今、この私もこれらの言葉の意味を再び味わい、心から実感する日々を送っているのです。
　きっと、本書をご一読いただいた後に、あなたもその意味がわかっていただけるはずです。

　さて、今回はストーリーの後に、あなた自身も参加できるワークのパートを設けました。
　ぜひ、私のナビゲーションで、改めてご自身を見つめ直してみてほしいと思います。

　きっとあなたも、すべてのワークが終わった後には、「今という瞬間を生きるということ」や「今の幸せを感じるということ」のマスター（達人）になれているはずです。

　さあ、それではシアターの席についたあなたへ。
　ご準備はできましたか？
　今回もリチャードの人生劇場のはじまり、はじまり！

　リチャード・ホーランド

Contents

story 1
ハッピーマン 2.0

ハッピーマンが
"アンハッピーマン"になる

「ハッピーマン」
私のことをそんな名前で呼んでくれる人たちがいます。
"幸せな人"という意味のハッピーマンという
ニックネームは、我ながら、ちょっぴりうれしい！

どうしてって？
やっぱり、自分が幸せでいられるからこそ、
いつも笑顔でいられるし、
そんな笑顔は周囲に伝播していくから。
私は、いつもそんなハッピーマンな自分でいたいし、
実際に、そんな自分でいられたんだ。

そう、2020年に「新型コロナウイルス（Covid-19）」が
突然やってきて、
これまでの世界が音を立てて崩れはじめるまでは……。

私だけではなく、すべての人の前に
ある日突然降りかかったのは、
これまで体験したことのない非日常の日々。
メディアで毎日報道されるのは、
恐怖と混乱を与える錯綜した情報。
世界規模で進行する都市のロックダウンに続き、
日本でも緊急事態宣言が発動され、
人々は、不要不急の外出にマスクを着用して三密を避けると
いう新たなルールのもとで生きることに。
次第に、社会では人と人のつながりが絶たれ、
経済の動きも停滞しはじめるのが目に見えてわかったよ。

それはまだ、世の中に「コロナ禍」という言葉が浸透して、
人々が「ニューノーマル」と呼ばれる
新たな習慣を覚える前のこと。
ちょうどコロナという暗雲が地球を丸ごと
覆いつくしてしまい、出口が見えなかった頃。

そんな日々の中、私はしばらくの間、
" アンハッピーマン " になってしまった。
「いったい、何が起きているの？」
「これから、この世界はどうなっていくの？」
初めて体験する目に見えない不安に戸惑い、
うろたえるしかなかったよ。

そして気が付くと、朝、ベッドから
起き上がれないようになっていたんだ。
もちろん、実際にはその後なんとか起き上がって、
日課のヨガから1日はスタートするものの、
うつうつとした日々がしばらくの間続くしかなかった。

でも、この時期は程度の差こそあれ、
誰もが同じような状態だったんじゃないかな。
安泰だった日常が、
ここまで完全にひっくり返るんだという事実に
衝撃を受けなかった人の方が少ないと思う。

そばで起きることに揺るがない

さて、それでもだんだんと、私の気持ちは
次のステージに向かっていった。
それは、ただ気持ちが沈んでいるという状態から、
「どうして、こんな世の中になってしまったの？」という
疑問に対して嘆くだけでなく、
自分なりに現状を分析しようとするステージへの移行。

もちろん、自力を超えた世界を揺るがすほどの大きな現象に
対して、すぐには自分の中で答えは見つけられないけれど、

それは、いつしか自分の心の中を見つめる
" ソウルサーチング（魂の探求）" へとつながっていったんだ。

実は、ビジネスにも成功して、
愛する家族と幸せな生活を送っていた私はすっかり
" 自分探し " なんて終わっている、と思いこんでいた。
でも、コロナの登場によって、改めて自分を見つめ直し、
もう一度、" 生きる意味 " について考えることになったんだ。

同時に、この世界の裏側で起きている
本当のことを知りたくて、情報を収集するようにもなった。

その上で出した、１つの結論。

それは、自分の外側で何が起きても、
揺るがない自分になること。
この物質世界で生きる私たちの外側で起きることは、
永続性のない一時的なもの。
だから、世の中でどんな災難やトラブル、
裏の世界の企みがあろうとも、すべては自分次第。
もし、自分の心の内側に平安があれば、
どんな現実が襲ってきても、落ち込むことも、
傷つくこともないのだから。

でも、そのためには、内側に"神を見出す"ことが必要。
もちろん、ここでの「神」とは、宗教的な神ではなく
"祈りのチカラ"のようなもの。
それは、自身の中に宿る神性を見つけ、信頼すること。
もし、これを別の言葉で表現するならば、
それは「自分に起きることに完全に"サレンダー"できるかどうか」ということ。
つまり、この世界を創造する神＝大いなる源に、「すべてを受け入れます」と宣言できる自分になれるかどうかなんだ。

とにかく、身体を動かす！

そして、もし、そんな自分になれたなら、
もう落ち込むこともないし、希望を失うこともない。
いざ、ビジネスが破綻しようが、ホームレスになろうが、
トラブルが起きようが、平和と平安の中にいられるんだよ。
そう、何が起きたって、ハッピーマンのままでいられるんだ。
今回、コロナを通して、そんなことに気づけたことは、
大きな収穫だった。
そして、そんな気づきを得たときから、
少しずつ変化が起きはじめた。

21

まずは、とにかく、意識的にでも
身体を動かすようにしたんだ。
まだ、外に出て人には会えない時期だったけれど、
自分なりに"動く"ことを能動的にいろいろやってみた。

たとえば、自宅のあらゆる場所のペンキを塗り替えしたり、
近所の土地を借りて、家族や友達の家族たちと一緒に
土いじりを通して、野菜づくりをしたりなど。

どんなにモチベーションが上がらないときでも、
まずは、身体を無理やりでも動かしてみるのはおすすめだよ。
「心と身体はひとつ」とはよく言ったもので、
身体を動かしていると、だんだんそのことに集中してきて、
次第に外側で起きることも気にならなくなってくる。

そして、身体が軽くなると、
いつの間にか心も軽くなっているんだ。

コロナよ、どうもありがとう！

また、見方を変えれば、コロナ禍は、
ステイホームで家族と一緒に過ごす時間もたっぷり増えた。
これも、コロナの前では手に入らなかった貴重な時間だね。
そんな時間もプレゼントのように思えてきた。

そして気づけば、またいつもの自分に戻れていたんだ。
それも、以前より少しだけ進化したハッピーマンとして。
それは、外側の世界に惑わされず、自分の心の中に
安住の地を見つけられた自分。
そんな、本当の幸せを見つけた
「ハッピーマン 2.0」としての新しい自分。

23

コロナによる世界的なパンデミックは、
人類に降りかかった大きな苦難と挑戦だった。
けれどもこの期間は、多くの人がそれぞれの体験を通して、
自分なりに進化を遂げるための
大きな機会だったのかもしれないね。

そう思うと、今となっては、
「コロナよ、どうもありがとう！」とも言えるんだ。
もちろん、世間でもいろいろ噂されているように、
このパンデミックの裏には、さまざまなアジェンダ（計画）
があることもわかっている。
それでも、どんなピンチもチャンスに変えられるんだ。
あなたが内側の世界とつながっていさえすればね。

さあ、あなたも自分の内側への旅をはじめよう。
そして、あなただけの新しいハッピーを生きていこう！

人生には、

自力ではコントロールできない

困難に直面することがある。

だからこそ、

内観して自分の内側の神とつながり、

外の世界に影響されない

自分になろう！

Let's work out
with Richard ❶
コロナ禍が自分にもたらした変化を見つめてみる

Q1

● あなたにとって、2020 年春からのコロナ禍の日々であなたの生活には変化がありましたか？

　自分に起きた日常生活の変化を書いてみてください。

> 例❶──完全にワークスタイルが変わった。今では、在宅勤務になり、必要なときだけ会社に出社している。

● また、あなたの心には何か新しい変化が起きましたか？

> 例❶──自分にとって毎日飛び回っている営業職の仕事はぴったりだと思ったけれど、リモートでの仕事になり、働くこ

との意味を考えるようになった。今は営業の仕事より、自
分に合った仕事があるのではないかと思いはじめている。

例❷─お金よりも、キャリアよりも、健康が一番大切だという
　　　ことに気づいた。

Q2

●コロナ禍で不安になったり困ったりしたこともたくさん起
　きたけれど、「ここだけはよかったな」、と思える点があれ
　ば挙げてください。

例❶─食事会や飲み会もなくなって、旅行にも行けなくなった
　　　けれどおかげで貯金が増えた！

世の中で起きる事件や現象は、

捉え方次第。

ネガティブなことにも、

ポジティブな面があるはず。

そこだけ見つめて、

新しい生き方の

きっかけにしていこう。

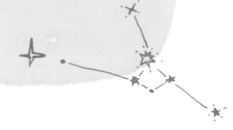

story 2
コロナ禍に起きた
ミラクル in Hawaii

ハワイにもビジネスが戻ってきた！

うれしいことに、2022 年の GW^{ゴールデンウィーク} 前後からは、
日本人観光客が少しずつハワイに戻ってきはじめたんだ。

コロナ禍により 2020 年の春以降しばらくの間は、
海外からの観光客の姿がすっかり消えて、
いつもなら最もにぎわう通りのレストランやカフェ、
ブランドショップなどのお店にはシャッターが降り、
ゴーストタウンのようになっていたけれど、
今ではワイキキのストリートも、
再び活気とにぎわいを取り戻したよ。

ご存じのように観光で成り立つハワイのビジネスは
コロナ禍で大きなダメージを受け、
ハワイの多くのビジネスは、

少なからず倒産という憂き目に遭ったり
なんとか経営を持続できたとしても、
事業を縮小せざるを得ない状態に
誰もが追い込まれてしまっていたところが多かった。

だから、多くの人が私のことを心配して
声をかけてくれていたよ。
「リチャード、ハワイのビジネスの方は大丈夫？」と。

実際に、コロナ禍がはじまった当初は、
我が社のビジネスも危機を迎えることに。
ところがなんと、そんなコロナ禍の真っ最中だった
2021年はこれまでで歴代2番目に
高い収益を上げることができたんだ！

そんなことをお伝えすると、心配してくれた人たちも、
「え？　どういうこと？」と驚きを隠せない様子。

もちろん、一番驚いたのはこの私かもしれないね。
では、なぜ、奇跡が起きたの？
ここでは、そんなコロナ禍でミラクルを導いた理由を
お話ししよう。

新しいアイディアでビジネスが大復活！

まず、我が社の事業もコロナ禍がはじまった
2020 年に関しては、
ハワイの観光業も行政から自粛を求められ、
ビジネスとして機能できなかったので
大打撃を受けてしまった。

ところが、タイミングが悪いことに、
我が社は私の決断で
パンデミックがはじまるほんの少し前に、
業務用の高額な大型ボートを購入していたんだ。
その後すぐに、ビジネスが完全に
ストップすることなどつゆ知らず……。
会社の皆からは、判断を間違ったのではないかと
思われてしまい、自分でも最初の頃は後悔することに。

その後、2021 年になると、
アメリカでは観光ビジネスの再開が一部、解禁されたんだ。
とはいえ、海外渡航が困難な日本からのお客様は、
当然まだゼロの状態。
けれども、このあたりから続々と増えはじめたのが、
アメリカ本土からのお客さんたち。
コロナ禍でどこにも行けずにストレスが溜まっていた

アメリカ人の旅行者たちが観光ビジネス解禁と同時に、
ハワイに大挙して押し寄せてきたんだ。

おかげさまで、我が社のすべてのツアーは
連日ソールドアウト状態。
その記録破りの数字に、こちらの受け入れ態勢も間に合わず、
２か月先の予約まですべて埋まってしまうほど。

そこで、サービスの質とお客様の数を調整するべく、
ツアー料金を値上げすることにした。
それでも、どんどん売れていくので、
再び値上げをせざるを得なくなった。
もはや、お客様たちにとっては、
値段の問題ではなかったんだ。

皆、これまでストレスフルな期間を耐え忍んでいたことから、
とにかく自宅から外へ飛び出して、
どこかへ行きたかったんだ。
思い切り、大自然の中でリフレッシュしたかったんだ。
そんなお客様たちの " 心の叫び " みたいなものを感じたよ。

ただしこの時、悲しいかな、
せっかくのこのような需要に対して、

すでにハワイの多くの観光産業は
ダメージを受けていて経営も立ち行かず、
この予想外の状況には対応できないところが多かったんだ。
だからこの時、会社の存続を維持できていた我が社が
一気に繁忙期を迎えたんだ。

こうして、ビジネスが再開した 2021 年の 5 月以降は、
まさに「天からお金が雨のように降ってきた」ような
奇跡的な日々が続いた。
そして、2021 年の末には、その年の春までは
ビジネスがストップしていたのにもかかわらず、
我が社では歴代 2 番目に業績が良い結果を
上げることができたんだ。

これによって、ビジネスがストップしていた
前年度の借りをすべて返し、
それ以上に、大きな利益を上げることができたんだよ。

実は、このような奇跡を導いたのは、
新しく購入したボートの貢献が大きかったんだ。
当初は購入したことを後悔していたけれど、
このボートが幸運を導いてくれた。

当時、現地でマネジメントを任せている長男がいて、
そんな彼が思いついたのが、ボートでパーティーをする
「パーティーボート」という企画。
ボートに本格的なサウンドシステムやライティング機能を
搭載し、DJも乗船してお客様を盛り上げ、
大海原の上で踊ったり歌ったりする
クラビングを楽しんでもらうというもの。
この頃は、まだ街のクラブハウスなどは
営業を再開できなかったので、
この海上でのパーティーを楽しめる
「サンセットツアー」が大好評を博したんだ。

本土からのお客様たちは、海の上で
久々に心からの解放感を味わいながら
思い思いにストレスを発散しているのがよくわかったよ。

まさにこの状況は、「災い転じて福となす」という
言葉がぴったり。

私自身、このような展開はまったく予測していなかったから、
驚きとともに、この奇跡に感謝の思いでいっぱいになった。
だって、こんなマイナスの状況下でも
ミラクルは起きるという体験をしたのだから。

もちろん、苦しかったコロナ禍を乗り切ってくれた
スタッフ一同にも感謝だけれど、
どんな状況に対してもフレキシブルに対応していく、
という大切さが成功を導いてくれることも
改めて学んだよ。

Richard's Voice

人生には

予想外の展開が待っている。

だからこそ、

何があってもあきらめない！

「災い転じて福となす」

こともあり。

story 3
イルカと一緒に
泳げなくなった話

ドルフィンスイミングが禁止される

ついに、ハワイではイルカと一緒に
泳ぐことができなくなってしまった。
2021年10月、アメリカの政府機関、
「アメリカ海洋大気庁（NOAA）」がイルカの保護を理由に、
ドルフィンスイミングを全面的に禁止したんだ。

この条例を説明するなら、
「人間が野生のイルカに対して、50ヤード（約46メートル）
以内に近づくことが禁止になった」ということ。

これによって、ハワイでは
ドルフィンスイミングのツアーは正式に禁止になり、
現在は、条例の範囲内でイルカを船上から眺める
「ドルフィンウォッチングツアー」へと変更になったんだ。

これまで私の会社で長年行ってきたツアーでは、
数えきれないほど大勢のお客様たちがイルカと一緒に泳ぎ、
遊んでハッピーな時間を過ごしてきた。

お客様が体験したのは、
イルカが与えてくれた癒やしだったり、
人生を大きく変えるような気づきだったり、
童心に返るような楽しさだったり……。
そんなお客様が教えてくれる
イルカとの出会いの体験談の数々こそが、
私たちスタッフ一同の喜びであり、
また、この仕事に対する原動力だったんだ。

イルカには人を癒やす不思議なパワーがあることは、
スピリチュアルの世界でいわれているだけでなく、
イルカの専門家や科学者たちの調査結果からも
すでに明らかだよね。

ところが、この新たな条例を定めた当局の見解は、
「イルカと人間がふれあうことは、
イルカにとってストレスになる」、ということらしい。

彼らがドルフィンスイミングを禁止した理由とは、
「もともと夜行性であるイルカが、
日中にボートや人間に追いかけられたり、
また、人間がイルカとふれあおうとしたりすること自体が
イルカにとってストレスである。
そして、それらの行為が結果的に、
イルカの出生率の低下にも影響してしまう」ということ。

もちろん、私たちのようなイルカのツアーを行う会社は、
当然、イルカを追いかけるというような行為は
決して行わず、お客様を乗せたボートなども、
一定の距離を保ちながらマナーを守った上で
長年イルカと触れ合ってきたのだけれど、
果たして、これは本当の理由なのかな？

まず、イルカの出生率のことに関しては、疑わしいと思う。
というのも、ハワイでイルカがやってくる湾で
長年漁師をしている私の知り合いは、
ハワイの海を知り尽くしている"海の男"だけれど、
そんな彼いわく、イルカの個体数は
これまでになく増加している、との話。
少なくとも、ハワイではイルカが減った、
という事実はないらしい。

それに、イルカが受けるストレスということに関しても、
基本的に、本能のままに生きる自由気ままなイルカたちは、
自分たちにその気がなかったり、
自分たちがいやな思いをしたりするのなら、
その場からさっと逃げていってしまうような素直な生き物。

実際には、逆にイルカたちが人間を見つけると、
彼らの方から積極的に近寄ってきてくれて、
一緒にボートと並走してくれたり、水中でも
一緒に遊ぼうと近づいてきてくれたりしていたんだ。

だから、イルカがストレスを感じているというのは
ただ条例を通すための理由ではないかと思うんだ。

本当の理由は人間たちに 目覚めてほしくないから!?

前著『タイトルはいらない』でもお伝えしたけれど、
イルカには「人間の意識を目覚めさせる」という
ミッションがあり、
このミッションを行うことで、
彼ら自身もまた、次のステップへと進化できるんだ。

だから、彼らにとっても人間とのふれあいは喜びなんだよ。
この人間とイルカの相互交流が
イルカたちをより高い次元へと上げていくことは、
あのスピリチュアルの大家、
ドランヴァロ・メルキゼデク氏も語っていること。

この法案は、明らかにイルカと人間の交流を
妨げようとするものであり、
その延長線上には、「人間に覚醒してほしくない」という
意図があるのではないか、とさえ思われるんだ。
なぜなら、私たちが目覚めてしまうと、
この世界の頂点で権力を握っている人々が、
私たちをコントロールできなくなってしまうからね。

世界の金融、経済、政治の実権を握る一部のエリートたちは、
「一般の人々には、ずっと眠ったままでいてほしい」と願う
人たちであるのも確かなんだ。
そんな彼らの闇のアジェンダが、悲しいけれど、
また1つ実現してしまったのかもしれない。

ちなみに、イルカと泳ぐツアーについては、
日本ではまだ開催されている場所もある様子。

でもこれからは、アメリカの決定を受けて、
イルカと泳ぐツアーは世界的に禁止されていく
方向になるかもしれない。

イルカとは、
いつでもどこでもつながれる！

では今後、私たちはもうイルカとは
コミュニケーションがとれなくなるの？
と聞かれたら、私は「ノー」と答えるよ。
実際には、現在でも例外的＊なケースにおいては、
まだ条例の範囲内でイルカと泳ぐこともできるし、
一般のツアーでも、船上からイルカたちを眺めながら
彼らと同じ時間を過ごすことは可能だよ。

それに、スピリチュアルでテレパシックな生き物である
イルカと私たちは、いつでも、
どこにいてもつながることができるんだ。
あなたが望めば、彼らはいつでもやってきてくれるよ。
それは、イルカとの時空を超えた出会い。

＊例外
法規を守りながらのプライベートチャーターでは、今でもイルカ
と一緒に泳ぐことは可能。

たとえば、彼らはあなたの夢の中に
出てきてくれるかもしれないね。

ちなみに私の場合、イルカとつながりたいときは、
イルカのことをイメージするだけで
彼らは私の元へやってきてくれる。
たとえば、街を歩いていたとして、
イルカのことを想った瞬間に、
ふと覗いたお店のショーウインドーや看板などに
イルカを偶然、見つけたりする。

この世に偶然はないので、そんな出会いだって、
れっきとしたイルカとの出会いなんだよ。
そして、その瞬間、あなたの頭の中に飛び込んできた
アイディアやひらめきは、
イルカからあなたへのメッセージだよ。

もしかして、これは私たちが直接 "物理的に"
イルカとふれあえなくても、
間接的にイルカとふれあうための
次のステップなのかもしれないね。

また、こうしてイメージする能力をより開発することで、
自分の現実を変えたり、癒やしのパワーを
得られたりするようになる、
そんな潜在能力を私たちは養っていくのかもしれないね。
これも私たち人間の１つの進化の形なのかもしれない。

だから、この条例をポジティブに捉えれば、
「僕たちとはいつでもどこでも出会えるんだよ。
そのことに気づいてね！」
というイルカから人間への
新しいメッセージなのかもしれない。

今回のことは、イルカから人間に対する
新たなミッションであり、
同時に究極の贈り物なのかもしれないね！
だって、いつでもどこでも
イルカと出会えることになるんだから。

これからもこんなふうにして、
人間とイルカの交流は形を変えながら続いて、
進化していくはずだよ。

Richard's Voice

イルカたちは、

「いつでも、どこでも一緒にいられるよ」

と教えてくれている。

時空を超えた場所でも

イルカとつながろう！

Let's work out
with Richard ❷
いつでも、どこでも
イルカと出会うためのワーク

Q1 ·

●イルカとイメージの中で出会う瞑想（めいそう）にトライ！

　静かになれる場所で目を閉じたら、数回、深い呼吸を繰り返そう。ゆったりとリラックスしてきたら、イルカのことを思い浮かべてみよう。頭の中にイルカのイメージを描くのもいいね。

　イルカのイメージを描くコツとして、YouTube などの動画サイトでイルカの自然の鳴き声などが収録されている動画を BGM として流しながら行うのもおすすめだよ。イルカの画像や写真などを眺めるのもいいね。そうすることで、イルカの持つ周波数、イルカのエネルギーを自分の中に取り込むことができるんだ。

　数分間そのまま目を閉じていると、イメージの海の中でイルカが泳ぎはじめるはず。

　すると、何らかのひらめきや直感として、メッセージが浮かんでくるかもしれない。

きっとそれは、イルカからあなたへのメッセージ。そんなイルカからのメッセージを、メモしてみよう。

Q2

Q1のレッスンを何度か行っていると、イルカとのコンタクトに少しずつ慣れてきて、目を閉じて、リラックスした瞑想状態にならなくてもイルカとつながることができるようになるはず。たとえば、急にトラブルが起きた際や、何らかのサポートが必要な場面に直面したとき。

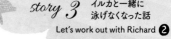
また、人がたくさんいるざわついた街中でも、イルカとつ
ながることは可能だよ。イルカからのメッセージは、時に
はひらめきや直感という形でなく、看板の絵や車のナン
バープレートの数字など、いろいろなサインでやってくる
はず。そんなイルカとの時空を超えた出会いを楽しみなが
ら習慣にしてみよう。

イルカからのサインや

シンクロニシティに注目！

大切なメッセージを

見逃さないで！

story 4
クジラは
トランスポーテーションする!?

イメージの中で、イルカとつながることはできたかな？
もしできたのなら、イルカがあなたの元へ
トランスポート（瞬間移動）してきたのかもしれないね。
多次元に生きるイルカだから、
そんなことだって可能なんだよ。

さて、イルカと同じ哺乳類の海の仲間といえば、クジラ。
実は、クジラもイルカと同じように神秘的な生き物。
クジラは、この物理的次元でも実際に
トランスポーテーションしているのではないか、
という説があるんだ。
ここではそんなお話をご紹介しよう。

スピリチュアルの世界では、イルカやクジラは、
古代の地球にシリウスからやってきた
宇宙的な存在であるとされているけれど、
そんな彼らは、今でもこの３次元とシリウスの次元間を
行き来している、ともいわれている。

と、ここまでなら、
スピリチュアルの世界ではよくある話。
でも、クジラがこの物理次元においても、
トランスポーテーションしているとしたら？

まず、最初にクジラの生態からお話ししておくと、
基本的に、クジラは季節によって海域を移動するという
" 回遊する " 性質がある生き物なんだ。
たとえば、ハワイの海に冬になるとやってくるクジラは、
アラスカの海から回遊してくるけれど、
これは、ハワイの暖かい海で出産や子育てなどの
繁殖を行うため。

つまり、クジラたちはアラスカからハワイの海へ
約５千キロメートルもある距離を移動してくるんだ。
日本の北端から南端までの距離が
約３千キロメートル弱といわれているけれど、
身体の大きなクジラにとっても、
約５千キロメートルという距離は、
大移動であり、とても長い旅になるんだよ。

基本的にクジラは、通常は時速５〜20キロメートルくらい
の速度で泳いでいるといわれているけれど、
緊急時に何かから逃げる際などには、
時速50キロメートルくらいの速さになるらしい。
ただし、クジラは常にこの最高時速で
泳いでいるわけではないので、
アラスカからハワイの海へたどり着くまでに
少なくとも１週間前後はかかっているはずなんだ。
もちろん、もし、スピーディに移動していたら、
もう少しは早く着くかもしれない。

ところが、クジラの研究をする科学者たちは、
クジラが移動するプロセスの追跡が
できなかったりするらしい。
これは、どういうことかと言うと、
「ある日、アラスカで確認されたある特定の個体のクジラが、
その翌日には、ハワイにいたりする」というんだ。

実際に、クジラがアラスカから
ハワイの約5千キロメートルもある距離を
1日内で泳ぐのは、クジラの生態からしても無理な話だよね。

科学者たちは、「どうやって1日でたどり着いているの?」
と調査をしているのだけれど、
どのように移動しているか、ということを
説明できる資料がまだないらしいんだ。

ということは、クジラはアラスカからハワイの海へ、
もしかして瞬間移動しているのかもしれない。

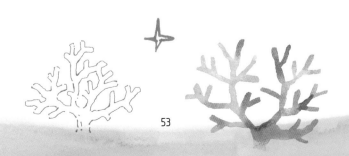

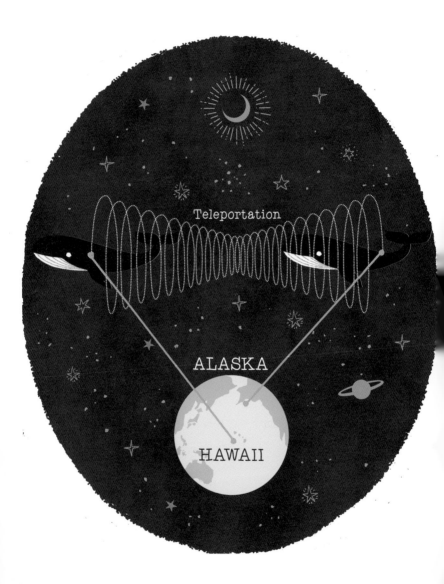

イルカとクジラが地球とシリウスの次元間を移動している、
という話を聞くと
「まあ、そんなこともあるかもね……」と思えるけれど、
この現実の世界においても、
イルカやクジラはトランスポーテーションを
しているのかもしれないとなると、
とてもワクワクしてくるよね。

この世界は、まだまだ科学で証明できないことばかり。
未だにたくさんの知られざる真実が眠っているんだ。

イルカやクジラは未来からきた
進化した存在といわれているけれど、
いつの日か、私たち人間も彼らのように
トランスポーテーションが
できる未来がくるのかもしれない。

もしかして、そんな日が来るのも遠くないかもしれないね。

Richard's Voice

クジラは、この物理次元においても、

トランスポーテーション

しているかもしれない。

この世界には、

まだまだ不思議なことがいっぱい。

見えない世界には、

多くの真実と可能性が眠っている。

story 5
"タイトルはいらない" けれど、このタイトルなら あり!

社員全員が 「共同創造者 (コークリエイター)」

『タイトルはいらない』は、
2018年に出した前著のタイトルです。
その本のエッセイでお伝えしていたのは、次のようなお話。

「課長」、「部長」に「マネージャー」、
そして「社長」など名刺にあるタイトルは、
あなたのこれまでの人生の努力の結晶であり、
あなたが達成してきたものや成功の証。
でも、そんな社会における肩書をはずしたときの
あなたは、いったい"何者"なの?
私は自分の名刺には、社長という肩書でなく

「幸せな人（ハッピーマン）」ってつけているんだよ。
いわば、肩書と自分自身が同じなんだ。
あなたも自分の本当のアイデンティティを
探してみようよ！

というメッセージ。
そこから数年経って、今、
私の会社の社員たちの名刺には変化が起きているんだ。
それは、皆の名刺には、
ある"タイトル"がついているから。

「え？ リチャード、前に言っていたことと
話が違うじゃない!? タイトルはいらないんでしょ？」
って思った人もいるかもしれないね。

でも、「タイトルはいらない」より、
もっといいことを思いついたの。
今、我が社の社員の名刺には
あるタイトルがついているんだ。

それも、社員60名の全員が同じ

「Co-creator（共同創造者；コークリエイター）」
という肩書。

「皆がひとつになって、
この世界で素晴らしいことを創造していこう！
あなたはその一員だよ！」
ということを表現するタイトルなんだ。
ちなみに、我が社の社名は、
「AYC (And You Creation；アンドユークリエイション)」。
つまり、「コークリエイターたちと一緒に
創造活動をしている会社です」、
という社名でもあるんだ。

そんな我が社には、普通の会社にあるような
上司と部下という縦型社会の関係性はない。
だから、発言権も平等にあるし、
会計や広報・PR、船長、現地のクルーたちなど、
仕事の専門分野としての区別もない。
「1人の社員が自分ならではの役割を果たしながら、
創造活動に参加している」
というタイトルを皆がそのまま実践してくれているんだ。

どんな人も、ジグソーパズルで作る
絵画のピースのような存在で、
その1つでも欠けたら、
どんなに素晴らしい絵画でも完成することはできない。
それと同じで、ベテランクラスから新人まで、
どんな立場の人だって
その人だけしかできない役割を果たしているんだ。

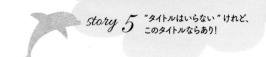
"仕事"ではなく、
"遊ぶ"ことからはじまる

この「自分も１人の共同創造者である」という考え方は、
我が社ではとても上手くいっていて、
業績も上がるだけでなく、
各々皆が、自分しかできないことを
思い切り発揮してくれている。

そこで、CEOである私は社員の皆には、
「Work（仕事をする）」という感覚ではなく、
「Play（遊ぶ）」という意識でいてほしいから、
業務中でも「仕事」という単語は
使わないようにしているよ。
「一人ひとりの個性豊かなPlayerが、
Play（遊び）を通して楽しみながら
創造活動に参加する」のが我が社だからね。

そして私は、そんな皆のために、
この私自身も１人の共同創造者として、
社員全員が潜在能力を発揮して

もっとワクワク働けるような
「コークリエイターズルーム」
というオフィス空間を作っているところ。

現在、オフィス内のすべての仕切りを
“物理的”にも取り払い、
部門間のセクショナリズムをなくし、
風通しの良い、広々とした心地よい空間で
働けるようなスペースづくりをしているよ。

たとえば、フロアには、
いつでもリラックスできるカフェがあったり、
静かに考えたいときのために、瞑想ルームがあったり、
身体を動かしたくなったら、
ヨガができるスペースもあったりね。

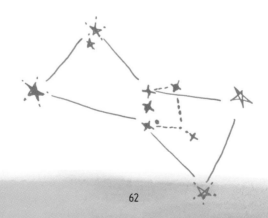

こんなふうにして、
各々違う専門分野の人たちが
分け隔てなく交流することで、
1＋1が2以上になる相乗効果で、
さらにもっといいアイディアや
企画が生まれてくるんだ。

考えてみれば、オフィスは1日の大半を過ごす空間。
だからこそ、皆には"第二の自宅"のような
場所でもあってほしいと思う。
確かにこの環境作りにかなりの予算も投じるけれど、
「もし、自分だったら、どんな場所で働きたい？
自分だったら、どんなふうに扱われたい？」
と考えたときに、
「自分だったらこんな会社であってほしい」、
という環境を作っているんだ。

社員が皆、共同創造者という考え方は、
斬新かもしれない。
でも、これは私の会社だけに
当てはまることではないよ。

実は、あなただって、
この"地球カンパニー"という大きな枠の中で、
自分にしかできないことがある。
あなたも、地球カンパニーに所属する
1人の共同創造者として、
80億人分の1のかけがえのない
1つのピースなんだ。

だから、自分に問いかけてみよう。
「自分は何をこの世界に提供している？」
「自分にしかできないことって何？」

あなたというピースを自分自身で知り、
それをもっと輝かせながら
この地球であなただけの創造活動をしていこう！
あなたも1人の共同創造者として。

Richard's
Voice

どんな人もこの世界で必ず

何かの役割を担っている

共同創造者。

だからこそ、

あなたという

世界で1つだけのピースを

自分自身で知り、

それをさらに輝かそう!

Richard's New Office

スタッフもお客様も楽しめるスペースが
たくさん用意された新しいオフィスが完成！

Richard Holland
CEO
Creative-Enthusiastic-Optimist

ようこそ！
リチャードの新しい
オフィスをご案内します。

お客様が旅の記念に思い
出になる写真を撮る写真
撮影のスペースもある。

スタッフたちが仕事の
合間に自由にヨガに参
加できるヨガルーム。
気持ちよく働くために
も、心身ともにリフ
レッシュできる空間づ
くりは大切だね！

オフィス内にはハワイのお
土産を集めたショップもあ
る。ツアーに参加するお客
様たちにも大好評。

Let's work out with Richard 3

この地球の共同創造者になるワーク

Step 1 「あなた」というピースを教えて

●現在あなたはどんな仕事をしている？

●もしくは、仕事をしていない場合、今はどんなライフスタイルを送っている？　簡単に書いてみよう。

> 例❶──会社に勤めていたけれど、結婚後は仕事をやめて、
> 主婦業に専念している。小さな子どもの子育て中。

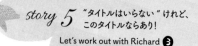

例❷—主婦歴25年で、3人の子どもたちはすでに高校生と大学生になった。子育てから解放されたと思ったら、今は義理の母親の介護の日々なので、自分の時間がほしいと思っている。

● あなたは今の仕事や生き方に充実感を感じている？

Step ② 「あなた」というピースを知ろう！

● Step①の質問、「あなたは今の仕事や生き方に充実感を
　感じている？」で、答えが「ノー」の人へ。

もし、今の仕事や生き方に充実感がない、または、満足
していないという場合、どこに不満を感じている？
また、なぜ、自分がそのような不満を感じているのか、
その理由がわかれば書き出してみよう。

> 例―本当は東京に出て好きな音楽の道を歩みたかったけれ
> 　　ど、親の仕事を継がなくてはならず、地元に残ること
> 　　にした。やりたいことをやれなかったから悔いが残っ
> 　　ている。

●あなたの小さい頃の自分の夢は何?

●あなたの得意なことは何?

71

● **自分では意識していなくても、なぜか人から褒められることは何？**

自分が得意なことは、以外と自分では気づかないもの。たとえば、それは「計算が早い」とか「絵が上手」みたいなスキル（技術）などでなくても、「人と人をつなぐこと」だったり、「誰ともすぐに友達になれること」だったり、みたいなこと。そんな意外と自分では気が付かないけれど、周囲の人に褒められるあなただけの得意技があれば挙げてみよう。

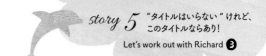
●今、ワクワクしていることや、今から叶えたい夢はある?

●今、ワクワクしていることや、叶えたい夢のために何かアクションを起こしている?

● Step①の質問で、「あなたは今の仕事や生き方に充実感を感じている？」で、答えが「イエス」の人へ。

あなたは今の仕事や生き方のどんなところに満足を感じている？

Step ❸
「あなた」というピースを輝かせよう!

いかがでしたか?
今のあなたの現状を見つめたとき、
やりたいことを思い切りやれている人もいれば、
そうでない人もいるはず。
また、今の生き方に満足している人もいれば、
「まあまあこんなもんかな」くらいの人、
そして、今の自分に不満がある人など
さまざまかもしれないね。
もしかして、自分に満足している人の方が
少ないかもしれない。

でも、これだけは知っておいてほしい。
それは、「今のあなたの仕事や生き方が
自分の望んでいたことや、
自分がやりたかったことではなかったとしても、
今のあなたのままで、あなたは唯一無二の存在であり、
完全であり、完璧な1つのピースなんだ」
ということ。

あなたが今の自分に満足していても、
また、していなくても、
あなたは今のあなたのままでパーフェクトなのです。
だから、そんな今の自分のことを
まずは受け入れ、誇りを持ってほしい。
まずは、それだけで、
あなたというピースはキラキラしはじめるんだ。

そうすると、あなた自身に自然に変化が起きて、
今のピースの形は少しずつまた変わっていくんだ。
制限や限界がある日々の中でも、
あなたの時間の使い方や、物事の捉え方、
価値観などが少しずつ変化してきて、
気が付けば、「こうなりたかった」という自分に
一歩近づいているはず。

そんな自分を楽しみながら、
自分の個性を生かしてこの世界を創造していこう！

story 6 「ドクター・フリッツ」 ストーリーのその後

ドクター・フリッツから連絡が来た！

前著でご紹介したのが、
「定められた命を生きる　〜ドクター・フリッツ物語〜」
というストーリー。

それは、心霊治療をするということで
90年代にスピリチュアルの世界では
世界的に有名だったブラジルの心霊治療師、
ドクター・フリッツに私が会いに行って
心霊手術を施してもらったという話。

その時の話を駆け足のダイジェストでお伝えしておくと、
30代の半ばくらいの頃、
自転車の事故で頸椎を痛めて激痛に苦しんでいた私は、

病院の先生から、手術をすると
5割の確率で成功するけれど、
5割の確率で首から下が
一生麻痺することを伝えられてしまう。

そこで、日本での手術を行うことはやめて、
当時、メディアで話題になっていた
ドクター・フリッツのところに行くことにしたんだ。
無謀にも、まだネットもない時代なので
住所やコンタクト先さえも知らない状態なのに、

激痛の中、一縷（いちる）の望みを託して、
日本からブラジルへと飛行機で飛んだんだ。

すると、幸運なことに無事に
ドクター・フリッツが治療する病院にたどり着き、
1日に1000人以上もの大勢の患者たちが集まる
その場で、なんと私は奇跡的に最初に診察される患者に
選ばれ、手術をしてもらえたんだ。

おかげさまで無事に手術も成功！
そしてその後、しばらくの間、
ドクター・フリッツのスタッフの家にお世話になり、
その時の縁から、ドクター・フリッツの
治療のセッションをハワイで開催したりもしたんだ、
というのが一連のストーリー。

実際には、ドクター・フリッツ自身は
第一次世界大戦中に従軍医師であった人なので、
すでに亡くなっていて、
ドクター・フリッツのスピリットとつながり、
トランス状態で治療を行っていたのが、
ブラジル人のルーベンス・ファリア、
通称ルーベンという男性。

そんなルーベンとも、ここ数十年間は、
すでにコンタクトが途絶えていたんだ。
だから、彼のことはすっかり記憶からも
消え去っていたのだけれど、
前著で紹介した際に、
ルーベンは今どこにいて何をしているのかな、
と彼のことを思い出していたんだ。
彼はドイツに行ったという噂もあったけれど、
彼の行方はもう知る術もなかった。

実は、ルーベンの前にドクター・フリッツを
チャネルしていた人たちは4人いて
すべて彼らは非業の死を遂げていた。
だから、ルーベンもそのような運命に
遭遇する恐れもあったし、
ドクター・フリッツも、
「ルーベンは、別の次元で治療にあたるために
2000年以降はルーベンのスピリットは
地球を離れるだろう」、と予言していたんだ。

そんなことから、私は、
心のどこかで彼はもうこの世にいないのではないか、

とひそかに思っていたんだ。

ところが、すごいことが起きたんだ！
ちょうど前著を出したタイミングで、
あのルーベンが突然連絡をしてきたんだ。

ルーベンが本物のドクターに
なっていた！

彼は当然ながら、私が彼のことを本に書いたことなんて
まったく知るわけもなく、
偶然、ネットのSNSのページを見つけたらしく、
連絡してきたとのこと。
とにかく、彼からの数十年ぶりのコンタクトにはびっくり！

そして、さらに驚いたのは、ルーベン自身が
ドイツで西洋医学の医師になっていたということ。
というのも、彼自身はコンピュータ技師で
まったく医学知識もない人だったんだ。
何しろ、彼の役割はドクター・フリッツのスピリットの
"媒体"になるだけだったので、

そんな彼が、その後、ドクター・フリッツの
生まれ故郷であるドイツへ渡り、
言葉の問題もクリアしながらドイツで本格的に医学を学び、
正式な医師になっていたことにびっくりしたよ。

今、彼はドイツで医師として働きながら、
時々、ドクター・フリッツの力も借りながらの
治療も行っているとのこと。

彼のその後の道のりに私は驚くと同時に感激して、
「いつか絶対に会おうね！」というやりとりをしたんだ。

その後、しばらくしてコロナ禍がはじまったために
海外への行き来が制限されたことで、
残念ながら未だにルーベンには会えていない。

それでも、ルーベンのことを本で紹介した途端に
数十年ぶりに彼からの連絡があるなんて、
やっぱり、この世界はつながっているんだね。

何よりうれしかったのは、
ルーベン自身が彼の運命を自ら切り開いて、
新しい人生を生きていたということ。
あのドクター・フリッツ本人も
ルーベンの死を予言していたのに、
予言よりも自由意志や強い意志の方が勝つんだね！

いつか将来、医師になったルーベンと再会してみたいし、
機会があれば、一緒に何かできればいいなと思っている。
彼を訪ねてドイツに行ってみるのもいいね！

あなたも、過去の出会いで会いたい人や
気になる人がいたら、
コンタクトを取ってみるのもいいかもしれない。
私とルーベンのように、相手も偶然、
あなたのことを思い出しているかもしれないから。

そんなタイミングこそ、
その相手との再会のサインなのかもしれないね。
改めて、人と人との出会いについて
感謝したい出来事だったよ。

Richard's Voice

この世界は、
見えないところでつながっている。
もし、ふと思い出す人がいたら
連絡してみよう。
この世界で出会えた人との
出会いを大切に！

story 7
人生で一番長い
21日間

それが起きたのは、
「神との邂逅」を果たすため

人生には、ときに、予想もつかないほど
大きな出来事に遭遇することがある。

その出来事があまりにも衝撃的なものだと、
それは、その後の人生に大きく影響を与えてしまう。
つまり、その出来事を自分がどのように受け止めるかで、
そこからの人生がガラリと大きく変わってしまうんだ。

生きていると、
そんなふうにその人の在り方を180度変えてしまうほど
インパクトのある出来事に遭うことがある。
そう、まるで突然、嵐に巻き込まれるように……。

でももし、この世界で起きることすべてに
偶然などないとすれば、そんな予想外の出来事だって、
きっと自分がどこかで神との合意のもとに、
事前にそのことを取り決めてきたんだ。

だから、自分になぜそれが起きなければならなかったのか、
そこに込められた意味を自分なりに考えてみることで、
それは、かけがえのない貴重な体験に変容していく。

今からお話しする、私に降りかかった
"青天の霹靂"の出来事は、
"人生号"というジェットコースターに乗って
大きなアップ&ダウンをすでに十分味わい尽くしてきた
この私でさえも、
想像を絶するような壮絶な体験だったんだ。

けれども、それがどうして起きたのか、
今の私なら明確にわかる。
それは、私自身が
「その体験を通して、神の存在を認識する」ため。

そう、「神を信じる」というよくある表現のレベルではなく、
人生のこの時点で、
「実際に神に触れ、神を確認する」

という必要があったんだということ。
つまり、「我々は神と共に生きている」ということを
「身を以て体験しなくてはならない」タイミングだったんだ。

それにしても、そのために、
ここまでの出来事を神と約束してきたのなら、
我ながら、どれだけ自分はチャレンジャーであり、
そして、神様とはなんて想像の斜め上を行く
悪戯好きなんだろう。
いたずら

とにかく、その出来事は私にとって
必然だったということになる。

さあ、それでは、前置きはこれくらいにして、
私の人生を変えた、「人生で一番長い21日間の物語」を
お話ししよう。

ある日突然、やってきた一行

その日の朝は、いつものように
気持ちの良い1日がはじまりそうな日だった。
当日の朝は、友人とサイクリングに行く予定だったため、
支度をして、まさに自宅を出ようとしていた
ところだったんだ。

そこへ何の前触れもなく突然やってきたのは、
20人もの私服警察官と税関職員の一行。
こちらとしては、一体何が起きているのかを
理解する間もないまま、
彼らは、警察のバッジを見せるやいなや、
玄関先で個人情報の確認の後、
あれよあれよという間に、家宅捜索として
一斉にドヤドヤと自宅に上がり込んできた。

招かざる客である彼らの言葉に、
私は耳を疑うしかなかった。
それは、この私があろうことか、
「日本への麻薬密売容疑」を
かけられてしまっていたということ。
そのまったく身に覚えのない事件には、
次のような背景があったんだ。

それは、しばらく前にアメリカのハワイ在住の娘に
CBDオイル*を購入して送ってくれるように
頼んでおいたことが発端だった。

実は、麻から抽出されるCBDオイルは、
近年、世界中で普及して話題になっているけれど、
まだ試したことがなかったんだ。

天然由来の成分で痛み止めにも効くとのことで、
背中の痛みに試してみたいと思い、
日本ではネット通販で一度商品を購入してみたんだ。
けれども、購入したキャンディのグミタイプの
製品とオイルの2品は、
そこまで自分には効果が実感できなかった。
やはり、濃度の差やブランドの違いなどでも
効果の違いがあるみたい。
そこで、今度は他の製品も試してみたいと思い、
アメリカにいる娘に頼んでみた。
やはり、CBDオイルはアメリカが本場だからね。

すると、娘はちょっと忙しくバタバタしていたようで、
頼んでいたアメリカのアマゾンでは
すぐには手配できなかったらしく、
結局、街のショップで見つけたCBDオイルを
航空便で送ってくれたようだった。

＊CBDオイル
CBDは植物の麻（ヘンプ）から抽出される「カンナビジオール」と
呼ばれる成分で、ココナッツオイルやオリーブオイルなどのキャリ
アオイルと混合した製品。抗炎症、抗不安、不眠、痛み止めなどさ
まざまな治療効果や健康効果があるために、近年は大きく市場が拡
大している。CBDは麻の種や茎から抽出されるが、葉や花、根から
抽出される「THC（テトラヒドロカンナビノール）」は治療効果か
ら海外では医療大麻として許可されているケースもあるが、向精神
作用もあることから、日本では大麻取締法で違法とされている。通
常、CBDの製品化のプロセスにおいてTHCは排除されている。

知らぬ間に被疑者になってしまった!?

ところが、その CBD オイルは、
なかなか日本に届かなかった。
でも、海外からの発送物が日本に到着するまで
時間がかかることはよくあること。
大して気にせず、いつか届くだろうと、
のんびり待っていたんだ。
そして、CBD オイルのこと自体、
すっかり忘れかけていた頃……。

実はその頃、娘が手配した CBD オイルの便は、
税関でストップされて検査されていた。
そして、その製品には、違法になる麻薬成分の
THC が 0.3 グラム混入していたらしい。
それが、今回の事態につながったというわけだった。

通常、大麻には THC が 10 〜 15 パーセント
含まれているらしく、
0.3 グラムというのは、
明らかに CBD オイルを抽出する際に
残留、または、混入していた量だと思われる。

通常、CBD オイルは成熟した麻の茎
または種から製造されるものであり、
そのことが証明できれば、
たとえ THC が微量でも混ざっていたとしても
違法にはならないともいわれており、
その証明がされていない製品だったのかもしれない。

もちろん、消費者としては CBD オイルという
名前で売られているものに
ごく微量とはいえ、
THC が混入していることなんて知る由もない。
当然ながら、消費者は合法で純正な
CBD オイルを購入したつもりなのだから。

きっと本国では、多くの消費者が
この製品をそのことを知らずに手にしたことだろう。
もちろん、その 0.3 グラムという量が
どれほど身体に影響を及ぼすのか、
ということなどはわからない。

とにかく、その製品が税関でチェックされたことで
成分の詳細が明らかになり、
なんと、それだけで、私は「麻薬密輸（密売）容疑」の
被疑者となってしまったんだ。

つまり当局側には、
「私は意図的に麻薬の入った製品を日本に輸入した」という
ことになっていた。
それは、あまりにも唐突で理解しがたい状況だった。

ちなみに、ハワイで有名な誰もが名前を知る
観光客用のお土産屋さんでも、
かつてCBDオイルの入ったグミが売られていた。
しかし、日本人観光客がその商品を購入して
日本に帰国した際に、
税関で似たようなケースで
トラブルに巻き込まれる事態が多発したらしく、
現在は、その商品がショップの棚から
完全に撤去されたそうだ。

さて、話を戻そう。
とにかく、自宅に来た彼らの目には、
私はすでに犯罪者のように映っているようだ。
基本的に捜査官たちが大勢で押しかけてくる際、
すでに"クロ"だとほぼ確証して来るので、
こちら側の言い分などは通用せず、
もはや取りつく島もない状況。
なにやら、とんでもないことになってしまった。

彼らからの取り調べを自宅でしばらく受けた後、
自家用車をチェックするということで
駐車場へ行くことになり、
車の中をチェックしたけれど、
当然ながら大麻などが出てくるわけがない。

すると、止まっていた警察車の方へ
「ちょっと来て！」と言われ近づくと
その場で突然、彼らの車の中に押し込められ、
「さらなる取り調べを行うために逮捕します！」と
手錠をかけられて腰縄をつけられてしまった。
そして、こちらの意思も確かめないまま、
警察署へと連行されることに。
それは、一瞬の出来事だった。

警察署の留置場での日々がスタート

唖然とすると同時に、憤りの気持ちが湧いてきたけれど、
そのときはまだ、なんとかなると思っていたんだ。
容疑が晴れれば、すぐに自宅に帰れるものだと
思っていたから。

ところが、そういうわけにはいかなかった。
警察署に到着して、そこから8時間もの
取り調べが行われることになった。
彼らは、私が麻薬密売の容疑者であることを
どうしても私に認めさせたいように仕向けてくる。
そして、その日のうちに
なんと、警察署内の留置場にある
３畳ほどの独居房に勾留され、
「12番」という番号で呼ばれることになった。
廊下にこだまのように響き渡る看守の「12番！」
という声は、恐怖そのものだった。

ショックのあまり、頭での理解がついていかない。
それでもまだ、私はそこまで悲観していなかった。
映画やTVドラマなんかでよくあるよね。
一晩警察に勾留されても、取り調べの後、
無実であることがわかると
翌日あたりには無事、解放されるという話。

ところが、どうやらそれも叶わないらしいことが
わかってきた。
いったん、逮捕されると、
起訴・不起訴の判断がつかない場合は、
最長で23日間の勾留期間となってしまう。

その時点で最終的に検察から起訴されるかどうかが
決まるというシステムだった。
そして、起訴されると、そこから裁判という運びになり
有罪が決定されると何年間も刑務所に入り
刑に服することになる。

それも、当時はコロナ禍のために、
裁判も順番待ちのようになっていて
裁判を待つだけで何年もかかるかもしれないとのこと。
下手をすれば今後、そんな信じられないような
悪夢の展開が待っているかもしれないのだ。
「疑いが晴れれば、なんとかなるだろう……」
という思いは、たちまちのうちに絶望に変わりはじめた。

とにかく、警察署内に勾留された私は、
その日から連日のように、
厳しい取り調べを受けることになった。
取り調べには警察と検察からの２種類の取り調べがあり
検察からの取り調べの方が、
より言葉巧みでトリッキーだった。

一方で警察側からの取り調べは、
ただ強引にこちらに非を認めさせたいようだった。

彼らには、これまでの私の人生を
自叙伝のように事細かに語り尽くさねばならない他、
PCやスマートフォンなどを押収され、
過去数年に及ぶ数万件ものEメールなども
すべてチェックされる状況だった。

支えになってくれた
3人の強力なサポーター

ただし、どちらにしても、
意図せずにこのことに巻き込まれた完全に無罪の私と
彼らの間のやりとりは平行線が続くだけ。
取り調べの厳しさに、無実で冤罪の人が根負けして
やってもいない罪をつい認めてしまうことが多い
というのも納得だった。
それほど、取り調べは非人道的で、
精神が参ってしまうものだった。
あろうことか、警察側からは、
私は"ドラッグディーラー"のように扱われるという
まさに、ジョークのような展開になってしまっていた。

こちらはただ、CBDオイルを買って
送ってもらっただけなのに……。

そこでこの状況を打破すべく、
私の奥さんが弁護士を探してくれることに。
ただし、弁護士を雇うことはできても、
日本では取り調べには弁護士は
同席できないことになっており、
基本的に、取り調べ時には 1 人で立ち向かうしかなかった。
弁護士に会えるのは、面会の時間だけだった。

さて、最初に奥さんが探してくれた弁護士さんは
まだ若い男性で、
「このような場合、ほとんどが起訴されて
裁判になるケースが多い。それは避けられないだろう」
というような立場を取る人だった。
こんな後ろ向きな弁護士さんだと、
本当にそのような流れになってしまう。
きちんと容疑を晴らしてくれる
前向きな弁護士さんでないとダメだ。

そこで、次にお願いしたのが
元検事出身の年配の弁護士のＡさんだった。
奥さんは、この弁護士さんにたどり着くまで、
なんと10名以上の弁護士さんと会ったとのこと。

この弁護士さんは、すでに85歳前後のおじいちゃんで
やりとりにもおぼつかないところもある感じから、
「大丈夫かな……」と思ったけれど、
ベテランで情も厚く、
最初の弁護士さんより力になってくれそうだった。

また、通訳のＢさんに加えて、
奥さんとの間の連絡をサポートしてくれるＣさんの3人が、
そこから私の不起訴処分を目指して
協力態勢を取ってくれることになった。
老練で叡智あふれる弁護士さんに通訳のＢさん、
そして、ポジティブな明るさで
前向きな気持ちにしてくれるＣさんの3人は、
この窮地を救ってくれるサポーターたちであり、
心強い"三銃士"のような存在だった。

ちなみに、家族からは衣類や本などの
差し入れはしてもらえるけれど
私の場合は、家族と直接の接見は許されないケースだった。
これから、いったいどうなってしまうんだろう。
まさに、予想のつかない日々に突入していった。

ダークサイドに落ちていく

では、ここで留置場での生活を紹介しておこう。
場所によって多少の違いはあるらしいけれど、
私の場合は次のようなルーティーンだった。

朝、6:00の起床に午後9時の就寝。
1日に数時間程度の取り調べ（月～金）以外は、
独房の外で毎日20分間の運動の時間があるのみ。
外へ出られるといっても、
そこはコンクリートに囲まれて青空なども見えない場所だ。
そして、1日に3回、運ばれてくる食事を
食べることになる。
ただし、その提供の仕方も、
床から足元に近い"出し入れ口"にポンと差し出されるだけ。
まるで餌を与えられるかのようなやり方に、
人間としての尊厳を奪われた感覚になる。
食事の内容も、朝はクリームパンのような甘い菓子パンが
1つと昼、夜は冷たいお弁当。
もともと菓子パンが食べられなかった私は、
常にお腹を空かせてしまっていたし、
毎日のように冷たいお弁当が出されることで、
温かい食事のありがたさが身にしみることになった。

とにかく、勾留中は時間がありすぎるのも苦痛だった。
3畳という狭いスペースの中で、
誰とも話すことなく、ただ1人で過ごすだけ。
確かに、取り調べもキツいものではあったけれど、
それでも、人と話すという機会があるのはこの時間だけ。
身体を伸ばせない独房から出られるという意味において、
少しはましだったのだ。

そんな日々の中、どうやって精神を維持するか、
正気を保てるのかが課題になってくる。
なぜなら、時間がありすぎると、
どんどんいろいろなことを考えてしまうから。
というのも、ここに勾留されている人たちは、
本来なら勾留期間が終われば
釈放されて家へ帰ることができる人がいても
当然のはずなのに、
私が入る前からいる人たちが、
誰1人として出ていく様子がない。

実際に他の勾留者とは、
コミュニケーションは許されてなかったけれど、
歯を磨く際などに、一瞬、こっそり少しだけ
しゃべる機会がある。

さまざまな理由で勾留されている彼らは皆、
取り調べをする刑事や看守たちと比べても、
よほど感じのいい人たちばかりだった。
朝に歯を磨く際に会う彼らと
「今日も1日、頑張りましょう！」などと
そっと小声で一言だけ挨拶を交わす関係の彼らとは、
なんとなく仲間意識が芽生えてくるのだった。

しかし、夜になると、あたりの部屋から
泣き声や叫び声が聞こえてくることもあった。
きっと彼らの中には、
私のように無実の罪に問われている人もいるに違いない。

そんなある日、留置場から
1人だけ退出していくように見える人がいた。
ここでは皆、ラフな私服を着ているのだけれど、
ある人がその日だけきちんとしたジャケットを着て、
いかにも外出をする格好をしていたのに気づいた。
「彼は無事に家に帰れるのかな。いいな！」
そこで、やりとりをする機会を
こっそり見つけたので聞いてみたら、
なんということか、彼は起訴が決定して
刑務所に行くことが決まったとのことだった。

そんな状況を見るにつけ、
不安や恐怖が波のように押し寄せてきた。
「いつ家に帰れるんだろう？」
「このまま何年もこの状態だったらどうしよう？」
自分の心がいったん、ダークサイドに落ちてしまうと、
どこまでもネガティブな思いが、
とめどなく溢れ出してくる。
「このまま、もう子どもたちに会えなかったら？」
「ここでこのまま死んでしまったら？」

不安はどんどんマイナスの考えの方に
エスカレートしていく。
ちなみに、日本では麻薬関係における罪は
殺人よりも重いこともあるそうだ。
それも、自分のようなケースから、
ヘロインや覚せい剤など他の薬物の罪まで、
同じ麻薬取締法というくくりに入っている。
アジアでは麻薬所持で死刑になる国だってあるのだ。

精神的に追い詰められていた時には、
こんなことさえあった。
週に1回、立ち合いのもと15分間だけ許されるお風呂では、
日本人仕様の小さいお風呂に身体を沈めながら、
「ああ、なんて温かいお湯って気持ちがいいんだろう……」

とお風呂のありがたさに癒やされながらも、
「もしかして、今、ここで溺れたら死ねるかな……」
と顔もすべて水の中に浸けてみたりもするほどだった。
いつの間にか、それほど、
精神は極限の状態に追いやられていたんだ。

「神との対話」がはじまる

このままではダメだ！

そこで、そんなネガティブな思いに
流されてしまわないように、
自分なりに1日のスケジュールを立てることにした。
規則正しい日々を送ることで、
気がまぎれて正気でいられるからだ。
3畳という狭いスペースの中で、
自宅にいるときと同じようにヨガをしたり、
読書をしたり、日記を書いたり、
瞑想をしたりしはじめたんだ。

特に、ヨガは「太陽礼拝」のポーズを1日に
300回以上もやっただろうか。
狭い独房の中では数歩も歩くスペースさえない。
けれども、身体を動かさないといけないとなると

ヨガでもして血流の活性化を行うしかなかった。
ヨガを行うことでマインドが空っぽの状態になるのは
ありがたかった。
とはいえ、この狭い場所で一生分のヨガを
行うほどのヨガ三昧で
人生で初めて、ずっと続けてきたヨガのことが
嫌いになりそうになった。

また、読書に関しては不思議なことに、
奥さんがたくさんの本を差し入れてくれたけれど
一番心に響いたのは、
インドのヨガ指導者であり聖者として
知られるパラマハンサ・ヨガナンダの
『あるヨギの自叙伝』と
ある牧師さんが届けてくれた『聖書』の2冊。

面会者として許されていたのは、
弁護士の他に聖職者のみだったことから
奥さんが名古屋在住の牧師さんを探し出してくれて
その彼が持ってきてくれたのが聖書だったのだ。

実際には、クリスチャンでもない自分が聖書というものを
改めてきちんと読んだのは初めてだった。
もちろん、これまでの人生において
イエス・キリストとのつながりは
感じて生きてきた自分だけれど、
改めて聖書に向き合うことになった。

すると驚いたことに、何気なく開いたページから、
今、自分が必要とするメッセージが
目の前にジャンプして飛び出してくる！
それは、まるで神が直接、
自分に語りかけてくるかのような感覚だった。
もしかして、普通の日常生活では"斜め読み"
したであろう聖書の言葉たちは
極限の状態にいる私には、
ダイレクトに心に響いてくるパワフルさがあった。

そこで、それらをノートに書き写したり、
自分の思いを綴ったりすることにした。

すると、それらの言葉たちは、
さらに自分の中にしっかりと響いてくる。
この行為は、次第に「私と神との対話」になっていった。
不思議なことに、たった1人で文章を綴る作業も、
神と2人で共同作業をしているという
リアルな実感があった。
そう、神とのコミュニケーションがはじまったのだ。
また、文章を書いている時には、
そのことだけに集中できるのも大いに助かった。

こうして、あたりに立ち込めていた闇に
少しずつ希望という光が射しはじめたのがわかった。

それにしても、一体これまで、
何冊のスピリチュアル関連の書籍を読んできたことだろう。
それなのに、最も自分が救いを必要としている時に
必要な本が聖書だったのには、
自分でも驚くべき発見だった。

審判の日の前に

このような感じで、留置場での日々は相変わらず、
取り調べは厳しかったけれど、

もうネガティブな思いに取り憑かれてしまうことは
なかった。
それは、「神と共に生きている」ということが
実感できる喜びがあったから。

3人のサポーターに加えて、その頃、外の世界では、
直接面会できない奥さんからは、
弁護士さんを通じて手紙が届いていた。
こちらもまた手紙を綴り、
弁護士さんに伝えるというのがルーティーン。

接見禁止の場合、
なんと家族との手紙のやりとりも禁止だった。
やはり、手紙の中に何かしらのサインが
隠されていることを疑われるからだろう。
だから、奥さんからの手紙は弁護士さんに渡され、
それを弁護士さんが手に持ち、
読み上げながら声に出して伝えてくれることになる。
そして、私からの手紙も同様に私からメッセージを
弁護士さんが伝書鳩のように
奥さんに伝えるというやり方だった。
でも、こんな形でのラブレターの往復も
大きな心の支えになっていた。

また、独房には写真を2枚だけ持つことが
許されたので家族の写真と今は亡き1歳で亡くなった長女、
アリヤの写真を部屋に置き、心の支えとした。
当然、フォトフレームなどに入った写真ではなく、
紙焼きの小さな写真だ。
早速、アリヤの写真の周囲に聖書など大切なものを置き、
簡単な祭壇を作り、その前で毎日祈りを捧げたり、
アファメーションを唱えたりした。
自分だけの神聖なる小さなスペースが、
だんだんとパワフルな空間になっていくのがわかった。

このようにして、勾留期間の後半は
意識をしっかりと保てる自分になれていた。

とはいえ、21日間の勾留の後、
不起訴になると決まったわけではない。
容疑が確定すれば、あろうことか、最悪の場合は
7年から10年ほど刑に服さないといけないのだ。

さて、運命の日、つまり勾留の最終日は、
再び検事さんと会うことになる。
この日の検事さんとの面談により、
今後の未来が大きく変わってくる。

実は、運命の日の前日の夜、寝ている時に、
ある不思議な体験をしたんだ。
それは、夢の中である1つのメッセージ、
「Love him」という言葉が降りてきたこと。
これはつまり、「検事さんを愛しなさい」ということだと
直感的にわかった。
「彼は彼の立場を演じているだけ。私も彼も皆、
1人の同じ人間であり兄弟なのだから愛しなさい」
というメッセージだった。

確かに、これまで彼のことを"怖い人"としか
見ていない自分がいたことに気づいた。
でも、私も彼も同じ1人の人間であり
彼なりの職務を果たしているに過ぎないんだ。
そこで、瞑想の中で彼のハイヤーセルフに対して、
「自分たちがつながっている」ということを
伝えて祈りを捧げた。
もはや、検事さんは自分にとって
運命を決める人であっても、恐怖の人ではなかった。

実は後で知ったことなんだけれど、
ちょうど奥さんも毎日同じように
私と検事さんが愛でつながっているということを
グレートスピリットに祈りながら
瞑想をしてくれていたとのこと。

もう１つ、運命の日の数日前、
不思議な出来事が起きていたんだ。
それは、祭壇で祈りを捧げていたら、
トイレと部屋のスペースを仕切る壁の上に置いていた
アリヤの写真が、
風もないのに、上からひらひらと
「12」という数字の上に落ちてきた。
実は、手づくりの祭壇には、
紙にハートを描いてそこに検事さんの名前の他、
自分をサポートしてくれている人たちの名前を
すべて書き込んだものを置いていたんだ。
もし、すべて上手くいけば外に出られるかもしれない日時は
12日か13日だったので、
その日時をカレンダーのように書いていたんだ。
そうしたら、アリヤの写真は12日の上に落ちてきた。
これは、娘からの「12日に家に帰ることができるよ！」の
サインかなと思ったけれど、
まだまだ浮かれないようにした。

高次元の存在たちを招集する

ついに、"審判の日"がやってきた。
検事さんのオフィスでの最後の面談には、

娘のアリヤの写真を靴下の中に
御守りとしてそっとしのばせて持っていった
（本当はそんなことをしてはいけないんだけれど）。
「アリヤ、今日は一番、君の力が必要だよ……」
私をいつもガイドのように見守ってくれる亡き娘に、
心の中でつぶやいた。

面談では、検事さんからの質問に幾つか答えることになる。
弁護士さんからのアドバイスで、やり取りの最中には
絶対に彼から目を逸らさないように、と言われていた。
やはり、目を逸らすことで嘘をついていたり、
やましいことがあると思われたりするからだ。
これは、今後の人生を決める、
絶体絶命の“マインドゲーム”なのだ。

実際には、やりとりの最中には、
熱意を持って彼の目を直視する私から
検事さんの方が目を逸らしてしまうほどだった。
とはいえ、面談は張りつめた空気に負けそうになってくる。

しばらくすると、あまりの緊張から喉が渇いてしまい、
ちょっと水を飲ませてもらうことにした。
そこでほんの数分間の小休止タイムになった。

Ariya

Spiritual Master

Ascended Master

Higher Self

検事さん

この時、我に返った私は、
このほんの短い数分のブレイクを利用して
改めて祈りを捧げることにした。
まず、心の中で検事さんのハイヤーセルフを呼び出す。
加えて、娘のアリヤ、ここで対話をしてきた神、
私のスピリットガイド、
アセンデッド・マスターたちなど、
私に縁のあるすべての高次元の存在たちの
スピリットを招集することにした。
「どうか皆さん、このミーティングに集まり
参加してください！　今こそ、皆さんの力が必要です！」
と心の中でオーダーした。
それは、もう、"祈り"ではなく、
彼らへの"オーダー（指令）"だった。
すると、驚くべきことに、その瞬間から突然、
あたりの空気が変わったんだ。
この時、窓から心地良い風が入ってきて、
カーテンがふわりと揺れたのを憶えている。
すると、これまでピンと張りつめていた部屋の空気が、
やわらかく優しいエネルギーに変わったんだ。

それは、実際に肌で感じ取れるほどだった。
そんな変化の中、再び面談がスタートすると、
これまでのやりとりで一度も笑顔など見せなかった

検事さんが何かの拍子に、初めてにっこりと
笑顔を見せたりした。

これは、いい兆しかもしれない……。
その後、検事さんからの質問にすべて答えた後、
宣誓のようなものを行う。
すると、決定的な一言が耳に響いてきた。
それは、検事さんの
「それでは、あなたを、釈放しましょう！」
という言葉。

ああ、これまで、どれほどこの言葉を聞きたかっただろう！

９割がた起訴される可能性がある、といわれていた中、
奇跡的に不起訴となったのだ。

心の中では歓喜の声を上げながらも、それでも、
まだ表情は真剣なままを崩せない。
というのも、釈放が決定したといえど、
いつ釈放されるかどうかはまだわからないから。

けれどもその後、部屋に戻ってきた私に、
看守がやってきて釈放を告げてくれた。

そして、その日のうちに、念願叶って
無事に自宅へと帰宅ができたんだ。
そう、それはアリヤの写真が落ちてきた
「12」という日だった。

生まれ変わって、この瞬間を生きる

こうして、再びいつもの日常が戻ってきた。
まるで、これまで長い長い夢を見ていたと思えるほど、
おだやかな日々が戻ってきた。
でも、以前と同じように見える私の中には、
大きな変化が起きていた。
それは、この21日間で人生観が
大きく変わったということだ。

確かに、今回の出来事では
人権を無視したような扱いも受けて
心身ともに傷ついたことで、
当初は、このような事件に巻き込まれたことへの憤り、
警察という組織やそのシステムへの怒りもあった。

この話を友人・知人たちにすると、
誰もが皆、「本当にひどい！　警察は許せない！」
と口を揃えて言ってくれる。

でも、今の私には、不思議なほどに怒りの感情はなく、
再び手にしたこの何気ない日常に、
ただただ感謝の気持ちが湧いてくるだけ。

庭に咲いている小さな花。
その花の周りを飛んでいる蜜蜂。
地面に生えている名もない雑草。
青空をゆっくりと流れていく雲。
あたりから聞こえてくる鳥の鳴き声。
突然、降り出す激しい夕立。

そんな、これまでまったく目に入らなかった
些細なものたちが、あまりにも美しく愛おしい。
何気ない１つひとつのものや、
当たり前の自然現象などに、思わず圧倒されてしまう。
その自然の営みの法則や不思議さ、緻密さ、神秘さに
畏敬の念を感じるんだ。
よく、臨死体験をしてあの世から戻ってきた人が、
この世界の美しさに改めて驚くというよね。

もしくは、覚醒体験をした人が、
この世界のすべてがフルハイビジョンのように
鮮やかに見えてくる、という。

まさに、私も同じ感覚だった。
灰色のコンクリートに囲まれた狭い世界に
閉じ込められていた私は、
この世界に戻った時、「生まれ変わった」と
思えるほどだった。

あのジョン・レノンが、
次のような有名な言葉を残している。
「Life is what happens to you
while you're busy making other plans」
これは、「人生とは、あれこれいろいろと
計画を練っているうちに、
想定外のことが起きてくるもの。
それが人生ってものさ」という意味の言葉。

もっと、この言葉を深読みすると、
「毎日を大切に。その普通の日々こそが、
人生そのものなんだよ」、ということ。
今の私には、この言葉がひしひしと身に沁みてくる。

あの21日間を過ごした今、
この世界のすべての瞬間があまりにも尊く感じられる。

そして、今のこの瞬間が一番大事なんだ、と
思えるようになった。

たとえば、もう何十年も会っていない友人のことを
ふと思い出したとき、
これまでの自分だったら、
「いつか会いたいな！」と思って
そこで終わりだったけれど、
生まれ変わった自分は、
その場ですぐにその友人に思い切って電話を入れてみる。
すると、その友人も意外にも電話に出てくれて、
再会の約束をして、実際に数日後に
会うことになったりするんだ。

そんなふうに、今、
この瞬間を生きられるようになったのも、
あまりにも衝撃的で、あまりにも想定外で、
あまりにも極限状態の出来事を体験したから。
それは、人生で最も長い21日間だったけれど、
こうして私が「生まれ変わる」ために、
神が用意した完璧なプログラムだったのなら、
これも神からの贈り物だったんだね。

だから、やっぱり、この体験を与えてくれた神に
「ありがとう」という感謝の言葉しかないんだよ。

神との邂逅（かいこう）は、

いろいろな形でやってくる。

特に、それを自分で信じ

確認するために、

神が用意した"プログラム"を

こなす必要があることともある。

Let's work out
with Richard ④
あなたをサポート&ガイド
してくれるものを見つけるワーク

Q1

あなたにとって、大切な本を2冊だけ選ぶとしたら?
たとえば、無人島に2冊だけ本を持っていけるとしたら、
どんな本を持っていきますか?
何度も読み返したい本、いつもそばに置いておきたい本を
2冊選んでみよう。

● 1冊め

●2冊め

●また、その2冊のどんなところが自分にとって大切なの
　か、その理由を挙げてみよう。

Q2 ·

あなたが大切にしているもの（ex., 家族の写真、ある画家の絵画、長年使っているティーカップ、大切な人からの手紙etc.）を挙げてみてください。それはあなたにとって、どんな価値があり、どんなサポートをしてくれている？

Q3 ·

あなたが大切にしている名言・格言はありますか？
偉人や有名人が遺した言葉、流行歌の１フレーズ、本に書かれていた言葉など、あなたが "座右の銘" にしている言葉を書いてみよう！

●その言葉はなぜ自分にとって大切なのか、
　その言葉のどこが自分に響くのかを挙げてみよう。

Q4 •

あなたが信じている神様（ハイヤーセルフ、アセンデッ
ド・マスターなどをはじめとする高次元存在などもすべて
含む）に手紙を書いてみよう。テーマは自由。その存在に
向けて、何かお願いごとをしてもいいし、直感で浮かんで
きたことを書いてみたり、感謝の思いを伝えたりするのも
いい。文章だけでなく、自由に絵を描いて、アートでコ
ミュニケーションを試みるのもおすすめ。その存在をイ
メージして、つながっていると信じて、手紙や絵を書いて
（描いて）みよう。

Dear

From

Dear

From

Dear

From

Richard's Voice

あなたを支え、ガイドしてくれている

存在やモノたちは何？

つらいときに一緒にいてくれる

サポーターがいると

あなたは、もっと強く生きていける！

あなたの神様に手紙を書いてみると、

より "つながり" も

感じられるはず。

Rich Life（リッチライフ）を叶えて、現実を思うがままに創造する！マスター・オブ・リアリティ（Master of Reality）になろう！

● 「Rich Life（リッチライフ）」を叶えるために

「Rich Life（リッチライフ）」という言葉からは、どんなことをイメージしますか？

"リッチ"というワードからは、「お金持ち」「豊かさ」「繁栄」みたいなことを想像する人も多いかもしれないね。だから、リッチライフとは、「金銭的、物質的に豊かな生活を送ること」、と思うのが普通じゃないかな。

でも、私の提言する"リッチライフ"とは、「健康的な身体と満ち足りた心の状態を保ち、充実した毎日が過ごせる生活」という意味であり、また、自分の名前を取った「リチャード式のハッピーな生活」という２つの"リッチ"という意味

を掛け合わせたものなんだ。

　私は周囲の人から、「どうしてリチャードは、いつも幸せそうなの？」「リチャードは、ハッピーマンだね！」などとよく言われるけれど、私だけがハッピーマンというわけではないよ。

　誰だって、ハッピーな人になれるのだから。

　また私は、ハッピーでいるために、何か特別なことをしているわけでもない。

　では、「ハッピーで過ごそう！」というポジティブな気持ちだけがあればいいのか、と言われれば、それも難しいかもしれないね。

　なぜなら、どんなに前向きな人だって、日々のさまざまな出来事に振り回されると、心身ともに疲弊してしまうこともある。

　それに、突然降りかかる悲しいことや落ち込むことに直面すると、誰もがしばらくは立ち直れなかったりすることだってあるはず。

　それは、人間として当たり前のこと。

　また、「幸せになりたい！」という思いが強い人ほど、"幸せでない自分"という認識が自分の潜在意識の中にあるの

で、幸せになりたいという思いとは裏腹に、常に不安や怒り、妬みや孤独感などの感情に支配されていたりするもの。

　では、リッチライフとは、どのようにしたら叶えられるのだろう？
　その方法は、実はとっても簡単！
　日々の生活の中で簡単に行えることばかりだよ。
　リッチライフを叶えるためにインドのグルに会いに行く必要もないし、スピリチュアルのセミナーで難しいメソッドを学ぶ必要もない。おまけにすべて無料（笑）！

　それも、ほんのささいなことで叶えられるんだ。
　その秘密は、１日の過ごし方の中で朝、昼、晩に３つのある習慣を行うこと。
　その習慣は、決して驚くようなことではないし、逆に「な〜んだ。そんなことくらい知っているよ！」と思う人もいるかもしれないね。
　でも、そこがポイントなんだ。

●「プロセス」と「その瞬間に生きる」ことがコツ

　というのも、そんなささいな習慣だからこそ、「どんなことがあっても、毎日、これをずっと続けられる？」と聞かれ

れば、意外と難しかったりするもの。

　逆に、あまりにもシンプルで簡単すぎるからこそ、「忙しいから、後でやろう！」とか「まあ、今日はやらなくてもいいか」とか、「やってもやらなくても、そんなに変わらないよね……」などと、続けられずに途中でやめてしまったりする。

　私は、これまで30年以上、今からお伝えする3つの習慣を毎日欠かさず続けているんだ。

　私にとって、それはすでに習慣というよりも、もう完全に生活の一部に溶け込んでいて、まるで、"呼吸をするように"無意識に行えているものかもしれない。

　でも、この30年以上の継続こそが、今の私のリッチライフを導いてくれているんだ。

　とはいえ、「継続は力なり」と言うけれど、継続することって難しいよね。

　でも、継続こそがリッチライフの鍵になるんだ。

　人は、いったん夢や目標を定めたら、どうしてもゴール地点だけにフォーカスして邁進してしまうけれども、実は、そこへ行くまでのプロセスこそが大事なのであり、プロセスこそがすべてなんだ。

　やはり、ゴールはプロセスの連続のその先にあるものであり、

プロセスなくして、ゴールへは飛んでいけないものだから。

　だから、リッチライフを叶えるためには、「継続すること」と「その瞬間に生きる」、というレッスンをいかに自分のものにできるかどうか次第でもあるんだ。

● 現実を操る「マスター・オブ・リアリティ(Master of Reality)」になる

　今からお伝えするワークは、そのどれもが"今という瞬間"にフォーカスするもの。
　今という瞬間を3つの習慣を通して意識的に過ごすことで、あなたの1日のクオリティは大きく変わってくるよ。
　そして、そのクオリティの高い1日の連続が、あなたの定めたゴールを目標以上の高みへと導いていくんだ。
　そんな自分でも想像できないほどのゴールに、あなたもたどり着いてみたいと思わない？
　きっとそこにあるのは、見たこともない景色が広がっているはず。

　さあ、では、これからお伝えする朝、昼、夜に行う3つの習慣を試してみよう！
　その瞬間に生きるヒントが詰まったこれらの習慣が、どれだけあなたの現実を大きく変えていくのか、ぜひ、自分で実

感してほしい。

そしてもし、そうなれたら、あなたは「自分の現実を自由自在に操れる達人」、いわゆる「マスター・オブ・リアリティ（Master of Reality）」になれているはずだよ。

あなたという人生を車で旅することに例えるなら、その車の運転席に座るのは、他の誰でもないあなた自身でなくてはならない。

あなたは助手席に座って、誰かに運転してもらい、どこかに連れていってもらうのではなく、自分で行きたい場所にいくべき。

その目的地も、もし、あなたが"大いなる源"とつながっていれば、ナビゲーションはあなたの中にあるのだから、何も心配しなくていいんだ。

だから、結果や成果のことなどは気にしないでほしい。

あなたのすべてを知っている大いなる存在が、必要な場所に必要なタイミングであなたをナビゲートしてくれるはずだよ。

それに、旅の途中で、予定外の場所に立ち寄ったりして新しい出会いに遭遇したり、予定を変えて長い休憩を取ったりしながら人生という旅のプロセスを楽しむのもまた、豊かな人生、そうリッチライフだよね。

とにかく、あなたらしく、あなただけのやり方で現実を操縦し、創造していこう！

それではここからは、そんな自分になるための３つの習慣を順番にご紹介していこう。

❶朝の習慣
神とつながる時間を持つ朝の儀式、「モーニングコミュニオン（朝に行う神との交流）」

★朝起きた時の気分が１日の質を決定する

１日の中で最も重要なのが、「朝」。

なぜかと言うと、朝起きた時の気分がその日１日の過ごし方を決定してしまうから。

朝、気分が悪いと、その日１日中、何をやってもなんとなく調子が上がらなくなってしまうし、反対に、朝の気分がすっきりさわやかだと、その日１日は、すべてが調子よくてラッキーな日になったりするよね。

私自身も、その日に出会う人の前では笑顔でいたいと思っ

ている。

　そのためにはやはり、ベストな状態の自分になっておきたいと思うし、そんな自分でなければならないと思っている。

　そんな状態でいることは、その日出会う人とコミュニケーションをする上で当然のマナーだからね。

　やっぱり、"そこそこ"や"まあまあ"という状態で相手に対峙するのは失礼だと思うから。

　その日出会った人から、「今日のリチャード、ちょっと調子が悪い？」とか「今日のリチャード、ちょっと暗いかも……」と思わせたり、気を遣わせたりするのではなく、相手の人も思わず笑顔でハッピーな気分になれるような自分でいたいと思っているんだ。

　そのためには、朝、起きたばかりでリフレッシュしている心と身体に、最初にどのような情報と環境を与えるか、ということが重要になってくる。

　たとえば、朝一番には、つい条件反射のように TV をつける人もいるけれど、世界中で起きるショッキングで暗い事件を伝えるニュースほど、私たちにネガティブな感情をサブリミナルに植え付けるものはない。

　だから、朝一番こそ、TV やスマホなどのデジタル機器から離れておくのがおすすめだよ。

★目覚まし時計に頼らずに起きること

また、朝は1分でも長く寝ていたい、という人がほとんどではないかな。

だから、寝る前に目覚まし時計をぎりぎりの時間にセットしている人も多いはず。

そうすると、突然鳴りはじめるアラーム音に驚かされて起きることになってしまい、それまでいい気持ちで見ていた夢が、突然シャットダウンされてしまった経験のある人も多いんじゃないかな。

せっかく夢の中で潜在意識とつながって、ソースからあなたの中に有益な情報がダウンロードされていたかもしれないのに、それが途中で突然中断されてしまうんだ。

そして、目覚めた瞬間に、アラーム音の緊迫感でドキッとしてしまったり、あわててしまったりする。

そうすると、そのアラーム音で起こされたときにショックを受けたインパクトは、知らず知らずのうちに、1日中続いてしまうことになる。

また、大抵の場合、鳴り続けるアラームを寝ぼけまなこで止めるときには、「あー、また1日がはじまるよ」とか、「今日から月曜日だ。いやだな〜」なんて思ってしまうよね。

　他にも、たとえ目覚まし時計を設定していなくても、家族から大声で、「起きなさい！　時間よ！　遅刻するわよ！」なんて叫ばれて起きるのもやっぱり同じこと。
「あと 1 分……」「もう少し寝かせて……」なんて布団の中で答えながら、いやいや起き上がるような状態だと、たとえすがすがしい朝であっても、気持ちは重たい状態からはじまるよね。

　だから、もし可能なら、目覚まし時計を使わずに、自然に起きられる自分になること。
　さらには家族からの「起きなさい！」もなしで、起きるべき時間にすっと自発的に起きられるようになること。

「そんなこと可能なの？」
と思う人がいるかもしれないけれど、リッチライフを送るようになれば、この私が実証済みであるように、目覚まし時計や他の人の助けなしで朝、起きるべき時間にすっと自分から目覚められるようになるよ。
　私はいつもアラームクロックなしで、自然にすっと目覚めるんだ。

　そうすると、睡眠中にリセットされたピカピカの新しい自分のままで起きられるよ。
　それは、昨日と生まれ変わったフレッシュな自分。

自分から自然にすっと目覚められるようになるには、少しレッスンが必要かもしれないけれど、そのためにも、3つの習慣をぜひ続けてみてほしい。

　いつのまにか、目覚まし時計いらずの自分になれているはずだよ。

　そして、目覚めたら、すべての行動の前に、その日の自分を最高最善の状態にするために、神とつながる朝の儀式、「モーニングコミュニオン（朝に行う神との交流）」を行おう。

　まずは、事前にそのための準備をしておこう。

★自分だけの「サンクチュアリ（聖なる空間）」で行う朝のルーティーン

I. 聖なる空間を作る

　自宅のスペースに自分だけの「聖なる空間」を作っておこう。

　そこはあなたが、神様とつながるための神聖な場所。

　そこに来れば、神様とのホットラインが通じて神様とつながることができる場所で、いわば自宅にある教会や寺院みたいな役割を果たすスペース。

　もちろん、その場所は、ほんの小さなスペースだって OK だよ。

　できるだけ TV などの音が聞こえない、家族から離れて 1 人で静かになれる場所がいいね。

　また、神様とつながる神聖な場所だから、そのスペースは、常に掃除してすっきりキレイにしておきたい。

　でも、聖なる空間を作るために部屋の大掃除や断捨離をしなくてはならない場合は、ひとまず、ほんの小さな 1 メートル四方のスペースだけでもキレイにするといいね。

　というのも、いつか部屋の片づけをしてからそんなスペースを作ろう、などと思っていると、いつまでたっても実行できないからね（笑）。

　だから、部屋がごちゃごちゃしている場合は、まずは、ほんの小さなスペースだけでも確保しよう。

　そんなスポットとしておすすめなのは、朝は東から太陽が昇るように、東からのエネルギーが最もパワフルなので、自宅の中で東を向ける場所を設定するのもいいね。

　スペースを確保したら、そこには、自分だけの祭壇を作っておきたい。

　とはいっても、本格的な祭壇を作る必要などはなく、たとえば、お気に入りの天然石を 1 つ置くだけでも OK だし、

自分にとって神様と呼べる存在の写真を飾るのもいいね。そう、私の祭壇にはいつも娘のアリヤの写真があるように……。他にも、季節のお花を一輪だけ飾るのだっていいね。

とにかく、あなたがそこに行けば、神様とつながる特別な空間になれる、そんな自分にとっての聖域を作っておこう。

また、実際に神様とつながる際にはお香を焚(た)いたり、キャンドルを灯したりするのもおすすめだよ。

祭壇といわれると、すでに自宅に仏壇や神棚がある人はそれらを活用してもいいけれど、この3つの習慣のために、新たなスペースをあえて設定する方がおすすめかもしれない。

なぜなら、そのスペースは、自分の好きなアレンジや飾りを施しながら作り上げていくことで、"あなただけの聖域"に育っていくからなんだ。

きっとそのスペースは、家族皆で共有している仏壇や神棚とも違う役割や、別のパワーを発揮していく場所になるし、あなたが毎日、そのスペースを慈しみながら使うほどに、どんどん神聖なエネルギーを増していくはずだよ。

Ⅱ. つながる神様を設定する

次に、あなたにとっての"神様"を具体的に設定しておこう。

もちろん、ここでの「神」とは宗教的な神ではなく、この

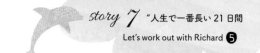

世界を創造する " 大いなる源 " としての創造主ではあるけれど、もし、あなたにとって、神という存在がイエス・キリストならキリストでも構わないし、マリア様が自分にとって神様なら、マリア様だっていい。

　他にも、自分にとって最も尊い存在が仏陀なら仏陀でもいいし、セントジャーメインやヒラリオン、エルモリヤなどアセンデッド・マスターや、大天使ミカエル、ラファエルなど大天使が自分にふさわしいと思うなら、そのような存在でもＯＫ。
　さらには、高次の自分であるハイヤーセルフという考え方がしっくりくるなら、それでもいいし、ガイドのような存在をイメージしているなら、ガイドだってＯＫ。もちろん、亡くなった家族やご先祖様でもいいかもしれない。

　また、対象になる神様は１人でないといけないわけでもなく、また、ずっと永遠にその神様でいなければならないこともない。自分にとっての神は変わることもあるからね。

　具体的な神様を掲げる方が、その存在へまっすぐにエネルギーも届きやすいけれど、もし、特定の神様が思い浮かばないときは、漠然とした神様という存在だっていいし、とにかく、高次元の大いなるスピリットとつながる、という意識であれば問題ないよ。

あなたにとっての尊い "My神様" をイメージできる存在を設定しておこう。

Ⅲ. モーニングコミュニオンのステップ

スペースを確保し、神様を設定したら、実際にモーニングコミュニオンを行ってみよう。

その方法は次の通り。

a) 朝、起きたら、自分だけの聖なる場所へ行こう
（トイレ、歯磨きなどはすませておこう）。

b) 朝の喧騒（けんそう）から静かになれる場所でラクな姿勢でその場に座り、自分にとっての神様とつながろう。このとき、神様にコンタクトをして、神様の波動と自分の意識のチャンネルが合うような感覚をイメージしてみよう。

c) その状態で次の言葉を声に出して、アファメーションしてみよう。

「私は、この命を与えてくれた神を讃え、
感謝し、愛し、そして、神と共に生きています」

もし、自分にとって、他にぴったりくる別のアファ

メーションの言葉があるのなら、それを唱えるのでも
ＯＫだよ。

ポイントは、「今、私は神様・高次元の大いなる存在と
つながっていて、そんな神様に感謝をしている。そし
て私は今、自分の人生を喜びの中で生きている」とい
うことを表現できる自分なりのフレーズがあればそれ
を唱えるということ。

d)　最後に、神様に感謝して儀式を終えよう。

儀式の長さは、あなた次第で構わない。

忙しい朝ならほんの２〜３分くらいかもしれないし、
時間があって神様と深くつながりたいときは、15〜
30分間くらい時間をかけるのもいいかもしれないね。

毎日のことだからこそルールを決めずに、すべて自分
のペースでやっていこう。

　こうして、朝一番に大いなる源とつながることで、源＝ソー
スからその日１日、自分を最大限に生かせるエネルギーが
あなたの中に降り注ぎはじめるんだ。

　もちろん、そのことは自分で実感できなくても、この儀式
を行うことでなんとなくいい気分になれたり、安堵の気持ち
を覚えるはず。

それだけでも、精神的に落ちついた余裕のある 1 日をスタートすることができるはずだよ。
　バタバタと喧騒の中ではじまる朝でなく、静謐の中ではじまる朝としよう！

❷昼の習慣
小さなブレイクで我に還る、「ミニモーメント」

★あわてているときほど行いたい小休止

　朝、モーニングコミュニオンで気持ちを整えてスタートしたら、きっとその日 1 日は、ベストな自分でいられるはず。
　でも、いつもの日常がはじまると、だんだんと周囲の状況に振り回されていろいろな感情が湧いてくるはず。

　そこでここでは、朝、神様とつながったベストな自分を日中にできるだけキープするための方法、「ミニモーメント」をお伝えしよう。
　たとえば、気持ちに余裕のある朝からスタートしたとしても、次のような瞬間に遭遇することもあるよね。

- 10時までに資料を仕上げないと、ミーティングに間に合わない！
- 次の電車に乗れないと、待ち合わせの場所に遅刻してしまう！　どうしよう！
- 掃除、洗濯、買い物、食事の支度、家族の世話……etc.とやることが多すぎて、どれから手をつけていいかわからない！
- 自分は頑張っているのに、周りの人のペースが遅くてイライラする……。

　などなど、日常生活の中で、「私は自分らしく、ベストな自分を生きているんだ」という意識で行動をしていても、誰もが突然降りかかる予想外の展開に焦ったり、あわてたり、パニックになったりしてしまうこともあるはず。
　すると、当然だけれど、朝の"ベストな自分"は、どこかに一気に吹っ飛んでいってしまうんだ。

　そうなってしまうと……。

- 仕上げなければならない資料は結局できなくて、ミーティングに間に合わず、結局、上司に怒られることに。
- 電車に乗ろうとして、あわててホームで走ったことでこけてしまい、膝にけがをしてしまった。

●やるべきことを目の前にして、気持ちだけが焦ってしまい、結局、どれもが中途半端になってしまった。
●頑張っている自分についてきてくれない周囲の人にグチを言ってしまい、人間関係が気まずくなってしまった。

　などなど、自分では望んでもいなかった悪い結果を招いてしまう。
　そして、そんな自分を責めてしまい、どんどん上手くいかないマイナスのスパイラルにハマってしまう。

　基本的に、そんなシチュエーションに陥ってしまうのは、その時の状況に流されてしまい、本来のあなたになれていなかったから、そんなことが起きてしまうんだ。
　だから、焦ったり、あわてたり、パニックになっている場面に直面したときほど、意識的に自分を取り戻すことが必要だよ。

　そのために行うのが、シンプルなのにパワフルな「ミニモーメント」。
　その方法は文字通り、しばしの間、その瞬間に行っていることをやめて小休止して深呼吸をすること。
　たとえば、全速力で走りださなくてはならないときほど、あえて足をやめて立ち止まり、空を見上げてみる。そして、ゆっくり深呼吸をして、自分に問いかけるんだ。

「今、私はどこにいるの？」
「今、私は誰といるの？」
「今、私は何をしているの？」

そんな問いかけに、自分なりに心の中で1つずつ答えてみる。

そうすると、その瞬間に今の状況が俯瞰できるようになり、本来のあなた自身が戻ってくるよ。

その瞬間からすべてのことがスムーズに流れはじめるはず。

★一瞬一瞬がかけがえのないモーメントになる

「いやいや、1分でも惜しいのに、そんなことやっている場合じゃないでしょ！」というときほど、ミニモーメントは効果を発揮するはずなので試してみてほしい。

たとえば、さっきまで焦っていた自分の上に、問題を解決するいいアイディアがポンと下りてきたり、周囲から思わぬサポートがはいったり、落ち着くことで逆にその後の作業がさくさくとはかどったりするんだ。

本来のあなたに戻れると、あなたは大いなる源、つまり、

ソースと再びつながり、あなたの中にあるナビゲーション
ツールが動きはじめるんだ。

　もちろん、あなたとソースはずっとつながっていたんだけ
れど、あなたは、そのことに気づかなかっただけなんだけれ
どね。

　ちなみに、このミニモーメントは、1日に30〜40回く
らい行うのがおすすめ。
「ちょっと多すぎるのでは?」と思われるかもしれないけれ
ど、それくらい何度も何度も意識的に行うことで、周囲に流
されずに、その瞬間に生きることができるようになってくる。

　そして、いつの間にか意識しなくても、自然にミニモーメ
ントができるようになるよ。
　そうすると、常に自分に必要なサインやメッセージが必要
なタイミングでやってきたり、シンクロニシティに恵まれた
りするし、"ゾーンに入る"というような奇跡的な状況だっ
て引き寄せたりもできるんだ。

　そう、あなたは現実を創造する達人、マスター・オブ・リ
アリティなんだから、本当ならどんな状況下にあったって何
の心配もいらない。

　だから、時間の奴隷になるのではなく、周囲の状況に流さ

れるのでもなく、もっと自分のことを信頼しよう。

ミニモーメントをマスターできるようになると、一瞬一瞬がかけがえのない瞬間になってくることを感じはじめるよ。

まさに、それこそが神と共に生きるということ。

何気ない1日さえも感動的な1日に変わるのが、ミニモーメントだよ。

❶夜の習慣
1日の終わりにすべてに感謝する、
「ブレッシング・ザ・デイ」

★明日のために、今日という1日を浄化する

朝のモーニングコミュニオン、そして日中のミニモーメントに続き、夜にも1日を終える儀式をやっておきたい。

リッチライフを送るためには、明日という新しい日のためにその日をどうクロージングするかが重要になってくるんだ。

たとえば、夜眠りにつく前に、次のような考えが頭の中に浮かんでくることがあるよね。

「今日、あの人には、〇〇ではなくて、〇〇って言ってあげればよかった。せっかく相談されたのに、悪いことしたな。もしかして、傷ついていたらどうしよう……」

「今日見たテレビ番組によると、我が家の貯金額だと5年後が不安。将来は、どうすればいいんだろう……」

「今日は食べ過ぎてしまったかも。このままだとダイエットができないな」

「子どもたちに怒鳴ってしまって、厳しくし過ぎたな。もっとやさしく諭すべきだったかな」

　などなど、寝る前になると、その日1日に起きたあらゆることが頭の中をぐるぐると回転しはじめるもの。

　そして、あなたが"いい人"であればあるほど、寝る前は「ああすればよかった」「こうすればよかった」などの反省会を自分の頭の中でやってしまうんだよね。

　そんな反省会で1つ気になることがあると、そこから次から次へと心配や不安がよぎってきて、心身ともに疲れているのにもかかわらず、頭がどんどん冴えてきて、眠れなくなったりする。

　英語には「モンキーマインド」という表現があるけれど、これは「雑念に振り回されて疲れてしまうこと」という意味で、寝る前にはモンキーマインドに悩まされている人が意外と多いんだ。

そこで行いたいのが、3つ目のワーク、「ブレッシング・ザ・デイ」。

これは、1日を感謝の気持ちで終える儀式で、その日に起きたあらゆる感情を伴うすべてのイベントを感謝の気持ちに置き換えるというもの。

すると、すべての出来事は浄化され、あなたの思考はクリーンになった状態で眠りにつくことができるんだ。

これも寝る前にベッドの上で簡単にできることだよ。

★ 「ブレッシング・ザ・デイ」のステップ

その手順は次の通り。

a) 眠りにつく前にベッドの上に仰向けになって横たわる（TVなど騒がしい音が出るものは消しておく。また、まぶしすぎる電灯や灯りは消しておく。スマホも電源を切っておく）。

b) 全身の力を抜いて、深い呼吸を何度か行いながら、今日1日に身体に溜まってしまったエネルギーをリリースするイメージをする。

c) 次に、その日の朝、目覚めたときからの1日を思い出しながらクイックレビュー（すばやくざっと回想）を行う。モーニングコミュニオンからはじまり、その日1日、誰に会って、どんなことをしたか、という1日の出来事をざっと順番に思い出してレビューする。このとき、細かい対話やそのときの感情などまでは思い出さなくてもOK。

d) そして、その日自分が体験したイベント・出来事に対して感謝をする。たとえば、「お昼には〇〇さんと打ち合わせをしながらランチをしました。〇〇さん、ありがとう」というふうに。

e) もし、その日にネガティブな出来事があったとしても、その出来事やその状況をもたらした人にも感謝を捧げよう。その際には、できるだけそれらの出来事を頭の中で詳細に再現することなく、ただオートマチックに感謝を捧げる、というくらいの気持ちでいよう。

f) こうして、その日のすべての出来事を感謝に置き換えたことで、あなたの1日はすっきり浄化され、悩みや不安な気持ちなしで眠りにつくことができるんだ。雑念で頭の中がいっぱいになるモンキーマインドにもならないので、深い眠りへと入っていけるはず。

実は、このブレッシング・ザ・デイの効果は、寝る前よりも、翌日の目覚めのよさに現れるんだ。

不安や悩みを抱えたままで眠ると、浅い眠りになるだけでなく、不安や悩みから派生した夢の世界へとあなたは入っていってしまうんだ。

すると、朝目覚めると、起きたばかりなのに身体も重いし、すでにその日が終わったかのように疲れてしまうこともある。

だから、眠りの質を高め、翌日にリフレッシュした状態で起きるためにも、ぜひ、１日の最後にはこの儀式を行ってほしい。

この儀式が習慣化されると、朝も目覚まし時計がない状態ですっきりと起きられるようになること間違いなし。

この儀式のポイントとして、最初の頃は、その日の嫌な出来事があった場合、そのことに対して感謝などはできないかもしれないし、また、いったん思い出すと、そのことに囚われてしまって、残りの出来事のレビューが進まないかもしれない。

でも、これもレッスンを続けて習慣化してくるとクリアできることだよ。

この “寝る前のさくさくレビュー” ができるようになると、日中に起きるネガティブな出来事も、その瞬間にさっと気持ちを切り替えられるようにもなるよ。

いかがでしたか？

　以上の３つのワークは、どれもスーパーシンプルなものばかり。

　それでも、お伝えしたように、この３つの習慣を日々行い、その習慣が身につくほどに、一瞬一瞬を慈しむようになる。

　そして、その日々のプロセスがあなた自身の変容を促し、気づけば、豊かで満ち足りたリッチライフを送れるようになっているんだ。

　そう、現実を創造する達人、マスター・オブ・リアリティとしてね。

おわりに

　今、日本を離れてハワイで家族と新たなスタートを切っています。

　ハワイでの毎日は、1日1日が祝福に満ちた日々となっています。

　ここではどんな瞬間も愛おしく、輝いていて、美しく幸せに満ちているのです。

　今、ハワイでの日々は自分にとっては、まだまだあの出来事からの"ヒーリングプロセス（癒やしのステージ）"の中にいる日々と言えるでしょう。

　それでも今、私はまるで生まれ変わったような自分自身を生きています。

　それは、まったく自由がない極限の"ゼロ・フリーダム"というものを味わったから。

　だから、自由であることがどれだけ素晴らしく、言葉に尽くせないほど幸せなものなのか、ということが実感できているのです。

　行きたい時に行きたい場所へ行き、食べたい時に食べたいものを食べ、眠りたい時に眠りたいだけ眠る。

　そんな普通なことがどれほど貴重でありがたいことなのかを毎瞬感じているのです。

今、ここハワイでは家族や会社のスタッフをはじめ、出会う人たちすべてに新しく生まれ変わったリチャードとして接しています（自分ではそこまで意識していないのですが、そう指摘されます）。

　今の私は前よりも、もっともっと "Giving（ギビング；与える）" なリチャードになっているようです。

　たとえば、スタッフたちと以前より皆で遊んだり、皆には何かにつけて賞を授与したり、オフィスを楽しい空間にしたりなど。

　以前は CEO として、ビジネスの視点で上の立場からスタッフをマネジメントするという立場でしたが、今では自分も組織の一部として、皆と同じ目線で "Playful（プレイフル；遊び心のある）" なマインドを大切にしながら、楽しく仕事をしています。

　そう、前からハッピーマンと呼ばれてはいたけれど、さらに今はその幸せを配って歩く "ハッピーの伝道師" みたいになっているのです。

　それはやはり、「私だけが幸せなのではなく、あなたも幸せな1人なんだよ」ということを伝えたいから。

　そして何より、その幸せを皆で一緒にシェアしたいからです。

　それができると、幸せのシナジー（波及効果）はどんどん広がっていくことを知っているからです。

　今、私は前と同じ「CEO（Chief Exective Officer; 最高経営責任者）」というタイトルだけれど、それと同じCEOではなく、「Creative Enthusiastic Optimist; クリエイティブで熱狂的なほどの楽天家」という意味で自分のことを表現し、そんなふうに自己紹介もしています。
　この地球上に、そんなCEOが1人くらいいてもいいでしょう？

　世の中的にはコロナ禍も一段落したようで、これからハワイで、日本であなたにももっと会える日が増えるはずです。
　ハッピーマンの私が、たくさんのハッピーマン、ハッピーウーマンたちに会える日を心待ちにしています。

　リチャードの人生劇場は、まだまだ続きます！
　次の新たな幕が開く日まで、あなたがもっともっとハッピーになれていますように！

　　　　　　　　　　　　　　　　　　リチャード・ホーランド

リチャード・ホーランド Richard Holland

1959年米ペンシルベニア州生まれ。世界を渡り歩きたくて、アメリカ海軍に入隊。勤務で訪れた日本でデジャブを体験し、日本との深い縁を感じる。その後、エンジニアとしてトップクラスの成績を収め、NASAへ就職のチャンスがあったにもかかわらず、日本女性と結婚し日本へ移住。不意の事故に遭い、危うく全身麻痺になりそうな状態から奇跡が起こり、完治に至る。日本に20年住んだ後、今は亡き娘アリヤに導かれハワイに移り住み、不思議な縁で野生のイルカと泳ぐオプショナルツアー会社「ドルフィン&ユー」を引き継ぐ。ゼロから始めた会社は、さまざまな困難を経て、毎年2万人以上の参加者がやってくるツアーへと成長し、現在は「アンドユークリエーションズ」という7つのサービスを展開する会社へと飛躍。ハワイで成功した実業家として話題を集めている。ハワイの生活の中で学んだことをベースに、幸せにする習慣術のセミナーなどを行う。著書に『タイトル（肩書）はいらない アイアムハッピーマン！ ハワイでイルカと泳ぐリチャードの幸せになるヒント22』(ヴォイス)、『Rich Life: A Journey of Self Discovery』(One Peace Books)。

本書の利益の一部は、ハワイの自然やイルカなど
海の生き物たちを保護する活動の支援に充てられます。

「ドルフィン＆ユー」
野生のイルカ ウオッチングツアー

まだ手付かずの自然が残るハワイの
秘境へ。野生のイルカたちに会いに
行くツアーです。

「ネイチャー＆ユー」
マノアの滝ハイキングツアー＆タンタラスの丘

ローカルにも観光客にも大人気のハイキングコースです。
ハイキングの終点には、約35メートルのマノアの滝があります。

ワイメアの滝ハイキングツアー

ディープなハワイの歴史や文化が学べるマラマハワイツ
アーです。ワイメアの滝では滝壺で泳ぐこともできます。

感じる、
見つける、
私の
ハワイ

「アイランド＆ユー」
オアフ島の絶景ポイント＆
食べ歩きツアー

ロコが愛してやまないローカル
フードを食べながら、オアフ島の
絶景ポイントや古き良き場所を巡
るツアーです。

「ハート＆ユー」

スピリチュアル
リトリート

リチャード・ホーランド
がリードするスピリチュ
アルライフスタイルを学
ぶリトリートツアー

「ドリーム＆ユー」
カスタムツアー

お客様のニーズに合わせて企画す
るカスタムツアーです。散骨や船
上ウエディングパーティーなど。

「オーシャン＆ユー」
サンセットパーティークルーズ
ハワイの美しい夕日を見にハワイの海へ。夕日が沈んだ後は、パーティータイム、ライブDJが皆さんを音楽とダンスの世界へ誘います。

「タートル＆ユー」
ウミガメとスノーケリングツアー
ワイキキ沖にある海亀が集まる場所、タートルキャニオンでスノーケリングをするツアーです。

「アンドユークリエーションズ」は、自分だけのハワイを感じたい、見つけたい、体験したい！とハワイに来たあなたと共に歩んでいくような存在でありたいと思っています。
私たちと一緒にあなただけのハワイを見つけてください！

「ホエール＆ユー」
クジラウオッチングツアー
アラスカから冬の間ハワイにやってくる鯨を見にいくツアーです。壮大な鯨のパフォーマンスが見られるかもしれません。

「トレジャー＆ユー」
オリジナルグッズのお店
アンドユークリエーションズのオリジナルグッズやメイドインハワイの商品を紹介しています。

詳しい情報はこちらをご覧ください！
https://andyoucreations.com/ja/
info@andyoucreations.com

奇跡が連続する！ リッチライフのはじめ方

ハッピーマン、リチャードの人生に魔法をかける7つの鍵

2023年9月29日　第1版第1刷発行

著　者	リチャード・ホーランド
編　集	西元啓子
校　閲	野崎清春
デザイン・イラスト	藤井由美子

発　行　　　　(株)We are One
　　　　　　　〒463-0001
　　　　　　　愛知県名古屋市守山区上志段味大塚1251

発　売　　　　株式会社　ヴォイス　出版事業部
　　　　　　　☎ 03-5474-5777 （代表）
　　　　　　　📠 03-5411-1939
　　　　　　　www.voice-inc.co.jp

印刷・製本　　株式会社光邦